AF397066

UNIVERSITÉ DE PARIS — FACULTÉ DE DROIT

ÉTUDE

SUR

LA RÉSERVE DES PRIMES

LA RÉDUCTION & LE RACHAT

DANS LES CONTRATS D'ASSURANCES SUR LA VIE

THÈSE POUR LE DOCTORAT

présentée et soutenue

le Mardi 20 Février 1900 à 2 heures 1/2

PAR

Jules FRANCEZ

Président : M. PLANIOL.

Suffragants : { MM. LYON-CAEN, THALLER. } *professeurs.*

PARIS

LIBRAIRIE NOUVELLE DE DROIT ET DE JURISPRUDENCE

ARTHUR ROUSSEAU

ÉDITEUR

14, rue Soufflot, et rue Toullier, 13

1900

THÈSE

POUR LE

DOCTORAT

ÉTUDE

SUR

LA RÉSERVE DES PRIMES
LA RÉDUCTION & LE RACHAT

DANS LES CONTRATS D'ASSURANCES SUR LA VIE

THÈSE POUR LE DOCTORAT

L'ACTE PUBLIC SUR LES MATIÈRES CI-APRÈS

Sera soutenu le Mardi 20 Février 1900, à 2 heures 1/2

PAR

Jules FRANCEZ

Président : M. PLANIOL.

Suffragants : { MM. LYON-CAEN, THALLER, } *professeurs.*

PARIS

LIBRAIRIE NOUVELLE DE DROIT ET DE JURISPRUDENCE

ARTHUR ROUSSEAU

ÉDITEUR

14, rue Soufflot, et rue Toullier, 13

1900

A MON PÈRE

INTRODUCTION

—

Le XIXe siècle n'a pas été fécond seulement dans l'ordre scientifique, industriel ou commercial ; il l'a été aussi dans l'ordre économique et juridique. L'assurance sur la vie en est une preuve. A peu près ignorée au commencement de ce siècle, cette institution a pris à l'heure actuelle une importance considérable ; elle occupe déjà une grande place dans la vie sociale et l'avenir lui réserve probablement un rôle plus grand encore.

Acte de haute prévoyance, qui implique pour sa réalisation une mutualité organisée suivant des bases scientifiques, elle suppose une civilisation avancée. Ni la Grèce, ni Rome, ni le Moyen-Age n'ont conçu ni pratiqué aucun système qui se rapproche de celui qui fonctionne aujourd'hui. Les Gildes du Moyen-Age, les conventions conclues au XVe siècle en Italie (1) ou les rares contrats passés dès le XVIe siècle sur la vie des navigateurs d'abord, puis sur celle des autres person-

(1) D'après E. Bensa : *Il contratto di assicurazione nel medio œvo, studi e ricerche ;* cité par Lefort, tome I, page 35, note 2.

nes (1), ne présentent pas d'analogie sérieuse avec les combinaisons actuelles d'assurances sur la vie. Essentiellement aléatoires, ces opérations ne mettaient le plus souvent en scène que deux individualités, un assureur et un assuré, au lieu qu'aujourd'hui une même compagnie groupe des milliers d'assurés, couvrant ainsi des quantités de risques, qui, à raison de leur nombre même, diminuent de plus en plus l'aléa qu'elle court.

C'est en Angleterre, où l'assurance sur la vie des personnes n'avait jamais été prohibée, qu'apparurent, dès le début du XVIIIe siècle, les premiers essais ayant quelque rapport avec le système moderne. Mais ce n'est que vers 1760 qu'ont été pratiquées les premières opérations basées sur des calculs mathématiques et précis. A dater de cette époque, l'assurance sur la vie grandit assez rapidement et recruta de plus en plus d'adhérents. L'institution gagna même la France ; la Compagnie Royale autorisée par arrêt du Conseil en date du 3 novembre 1787 fut créée sur des bases sérieuses ; elle a disparu au moment de la Révolution.

Écartée de nos codes par nos législateurs imbus encore des prohibitions de l'Ordonnance de 1681, elle ne reparut qu'en 1819. A cette date fut fondée la compagnie d'*Assurances générales sur la vie*, après un avis favorable émis par le Conseil d'État le 28 mai 1818.

(1) Sauf en Angleterre, ils furent d'ailleurs bientôt prohibés partout ; en France, cette défense fut édictée par l'Ordonnance sur la Marine de 1681.

Pendant qu'en France, cette institution suivait toutes ces péripéties, elle ne cessait pas de se développer en Angleterre ; en 1816, seize compagnies opéraient déjà dans ce pays. En Allemagne, elle ne prend, au contraire, réellement naissance que vers 1829 ; en Belgique, en 1824. Aux États-Unis, son point de départ est à peu près le même qu'en France.

Comme on le voit, cette institution est toute récente. Mais elle a fait de si rapides progrès, elle a réuni tant d'adhérents en si peu de temps, groupé tant de capitaux (1), que toutes les questions qu'elle soulève sont du plus haut intérêt pratique. Dans le domaine juridique notamment, elle en soulève un grand nombre et des plus variées ; elle ouvre le champ à bien des conceptions nouvelles ; des théories originales ont été imaginées pour servir de solutions aux problèmes inédits, qu'il a fallu résoudre. Nous aurons l'occasion d'en examiner plusieurs dans le courant de cette étude, dont l'objet, forcément restreint, ne comprendra l'examen approfondi que d'un point particulier de l'immense matière des assurances sur la vie.

Mais avant d'indiquer le plan de ce travail, nous remarquerons en passant que l'extension considérable de l'assurance sur la vie ne doit pas surprendre, si l'on songe aux avantages multiples qu'elle procure. Sans

---

(1) Au 31 décembre 1898, les capitaux en cours dans les compagnies françaises atteignaient le chiffre énorme de : 3,905,076,486 de francs (*Journal des assur.*, 1er septembre 1899).

parler de ses avantages moraux, économiques et sociaux, dont la considération n'exerce guère d'influence sur la détermination de l'individu qui veut s'assurer, elle répond, grâce à ses combinaisons variées, à une foule de besoins. L'homme jeune, qui est en mesure de travailler, pourra, grâce à elle, se ménager un capital ou une rente pour sa vieillesse. Le chef de famille, qui procure l'aisance aux siens par son travail de chaque jour, les garantira à coup sûr contre les difficultés d'une situation précaire, qu'entraînerait peut-être pour eux sa mort prématurée. On pourrait dire encore qu'elle permet à un époux de constituer à son conjoint des ressources pour le temps où il ne sera plus, qu'elle fournit le moyen de doter un enfant, qu'elle convient au capitaliste, qu'elle peut servir d'instrument de crédit, etc. ; mais ce n'est pas le lieu d'insister ici. Nous nous bornerons à compléter cet aperçu rapide par le beau mot de M. de Courcy : « l'assurance sur la vie est la seule « garantie toujours efficace des enfants et des veuves « contre la pauvreté..... C'est une institution merveil- « leuse, dont l'algèbre a posé les bases et dont la morale « forme le couronnement. »

Voici maintenant en deux mots quel est l'objet de cette étude et quelles sont les limites que nous lui assignerons :

On sait qu'au point de vue juridique, l'assurance sur la vie est un contrat par lequel l'assureur (en pratique une compagnie), moyennant une cotisation ou prime, le plus souvent périodique, que s'oblige à lui verser l'assuré, s'engage à verser à son co-contractant lui-même ou au bénéficiaire désigné une valeur convenue, lorsque se réaliseront dans l'existence de l'assuré certains événements, tels que le décès ou la survie à une époque déterminée.

C'est un contrat synallagmatique : les deux parties ont contracté des obligations réciproques, qui sont l'exacte contre-partie l'une de l'autre. Elles ne sont pourtant pas liées de la même manière ; c'est une des particularités de cette convention. Pour des raisons qui seront exposées plus loin, l'assuré est maître d'arrêter le contrat au moment où il lui plaît, tandis que l'assureur, lui, reste lié tant que son co-contractant voudra qu'il en soit ainsi ; il n'a pas la faculté de se délier.

Or, il résulte du jeu de la prime que dans la plupart des cas, où l'assuré usera de son droit de mettre ainsi un terme au contrat, l'assureur devra lui restituer une certaine valeur. Cette valeur, dénommée *réserve*, dont le chiffre sera parfois important, lui sera rendue soit immédiatement, soit sous la forme d'une nouvelle assurance réduite. Dans le premier cas, on dira qu'il y a *rachat* ; dans le second, *réduction*. C'est l'examen de ces deux combinaisons toutes spéciales à l'assurance sur la vie, des principes qui les dominent et des conséquences qu'elles engendrent, qui formera l'objet de ce travail.

Mais il est impossible d'aborder l'étude juridique que ces questions soulèvent sans tenir compte dans une mesure suffisante du fonctionnement pratique de l'assurance sur la vie. Ce sont, en effet, des résultats pratiques, déjà à peu près universellement admis par l'usage à défaut d'une loi, qu'il s'agit d'expliquer à l'aide des principes du droit. Le point de vue pratique aura donc une assez large place dans cette étude.

Le plan suivra à peu près logiquement la marche des explications techniques. Au fur et à mesure de leur exposition, nous traiterons les questions de droit qu'elles soulèvent ; quelques unes pourront sembler au premier abord en dehors du sujet, mais on verra par la suite que leur discussion était nécessaire pour l'intelligence de l'ensemble de la thèse.

En voici les grandes lignes :

CHAPITRE Ier. — *Fonctionnement de l'assurance sur la vie et spécialement de la réserve.*

CHAPITRE II. — *Résiliation du contrat d'assurance ; du droit de l'assuré sur la réserve.*

CHAPITRE III. — *La réduction et le rachat.*

CHAPITRE IV. — *Droits des divers intéressés sur la réserve au cas de résiliation du contrat d'assurance.*

Les questions juridiques ont le plus souvent une longue histoire. Les combinaisons du rachat et de la ré-

duction ont, au contraire, une origine récente (1).
Comme la plupart de leurs congénères en matière d'assurance sur la vie, elles ont dû être importées d'Angleterre. Elles ne sont probablement pas contemporaines de la création des premières compagnies d'assurances fonctionnant sur le continent, mais n'ont dû être imaginées que plus tard, à une époque où le fonctionnement de l'assurance sur la vie commença à être bien connu dans ses moindres rouages (2). Le but visé par leurs inventeurs a été, à n'en pas douter, le développement de cette institution.

(1) On sait que la tontine, qui a quelque analogie avec l'assurance sur la vie, fut pratiquée en France à la fin du XVIIe siècle et durant le cours du XVIIIe ; le XIXe siècle lui-même ne l'a pas ignorée. (Dalloz, répertoire, v^o : *Tontines*, n° 6 et suiv., n° 19, etc.). Elle consistait à mettre en commun des fonds, qui étaient, à dater d'une certaine époque, répartis, soit en capitaux, soit en revenus, entre les associés survivants. Mais cette opération ne laissait nullement place à une combinaison analogue au rachat ou à la réduction. Aucun des tontiniers ne pouvait prétendre se retirer à un moment donné de l'association en reprenant sa part ou une partie de sa part ; ce qui se conçoit fort bien, car les fonds qu'il avait versés étaient destinés, au cas où il mourrait avant le partage, à être répartis entre les survivants.

(2) Elles ne figuraient pas dans les premières polices qui firent leur apparition en France de 1820 à 1830. Cf. les formules de polices, datant de cette époque, citées par Chaufton : tome II, page 289, note 1.

CHAPITRE PREMIER

DU FONCTIONNEMENT DE L'ASSURANCE SUR LA VIE ET SPÉCIALEMENT DE LA RÉSERVE

—

On a dit justement : « l'assurance, c'est l'élimina-
« tion du hasard dans les entreprises humaines (1). »
Ces mots, s'appliquant au but que réalise l'assurance
en général telle qu'elle est pratiquée de nos jours,
et en particulier à l'assurance sur la vie, sont sensiblement exacts, si on les entend dans leur sens vrai.
Ils ne signifient point, c'est de toute évidence, que
désormais le hasard sera maîtrisé, que les entreprises
humaines ne seront plus sujettes à ces événements for-
tuits, qui bouleversent les projets les mieux conçus.
L'assurance sur la vie ne peut avoir ce rôle.

Impuissante à empêcher le cours des lois qui régis-
sent la nature, elle cherche seulement à porter remède
dans une certaine mesure aux dommages qu'elles peuvent causer. De même que l'assurance maritime n'empêche pas les navires de sombrer, de même que l'assu-

(1) Reboul : *Assurances sur la vie*, p. 22. Paris, 1865.

rance contre l'incendie n'empêche pas les maisons de brûler, de même l'assurance sur la vie n'arrache point l'humanité aux lois auxquelles elle est soumise. Bien plus, loin d'écarter ces lois, c'est sur leur observation même qu'elle repose ; c'est dans leur examen qu'elle a trouvé ses bases ; c'est dans leur étude qu'elle a découvert le moyen d'atténuer leurs effets.

On a remarqué, en effet, que des évènements, qui semblent accidentels si on les envisage isolément, sont soumis, si on en considère un grand nombre de même nature dans un assez grand laps de temps, à une périodicité qui tend à devenir de plus en plus invariable à mesure qu'on en examine un nombre de plus en plus grand. C'est un fait dont les causes peuvent être ignorées, mais dont l'évidence est indéniable. C'est sur ce principe d'expérience que repose l'idée fondamentale du fonctionnement actuel de l'assurance sur la vie.

La statistique, appliquée aux opérations viagères, a permis de déterminer pratiquement, d'après des observations faites sur un grand nombre de têtes, la proportion à peu près exacte des décès, qui se produiront chaque année jusqu'à l'extinction complète du groupe, dans une masse d'individus qu'on suppose nés le même jour. Ces résultats ont été consignés dans des *tables de mortalité*.

Qu'on imagine maintenant l'hypothèse suivante : 10,000 individus, tous âgés de 30 ans, conviennent de s'assurer mutuellement sur la vie pour un capital de

100 francs payable à leur décès. La table de mortalité, en leur indiquant combien d'entre eux décèderont pendant la première année par exemple, leur fixera par là même quelle somme totale ils auront à verser durant cette année. Une simple division leur permettra de connaitre la somme ou prime que chacun d'entre eux devra verser pour parer aux sinistres de leur mutualité durant cette période. Le même calcul renouvelé chaque année leur permettra de continuer pour l'avenir leur association et d'arriver au but qu'ils se sont proposés.

Si, au lieu d'un capital aussi minime, ils ont convenu que le capital versé à leur décès serait plus important, et si, au lieu de renouveler chaque année leur mutualité, ils ont entendu qu'elle ne prendrait fin que par la mort du dernier d'entre eux, de telle sorte que les primes à payer chaque année soient égales, ils seront arrivés au résultat suivant : c'est qu'à leur mort, alors même qu'elle surviendrait prématurément, un capital sera versé à leurs héritiers ou à ceux qu'ils auront désigné. Chacun des membres de ce groupe aura ainsi garanti ceux qui lui sont chers contre le danger d'un manque de ressources subit ; il leur aura procuré la sécurité pécuniaire ; en un mot, il les aura assurés contre le risque de défaut d'épargne que l'éventualité de sa mort prématurée leur faisait courir.

C'est ainsi qu'on peut dire que l'assurance sur la vie élimine le hasard. Elle n'empêche pas l'événement fortuit de se produire ; mais lorsqu'il éclate, elle le divise, elle le fractionne, elle le répartit sur un grand nombre de têtes ; elle l'empêche ainsi de produire trop de dommages.

Mais elle n'arrive à ce résultat que par le groupement d'un grand nombre de risques de même nature ; ce n'est qu'à cette condition qu'elle peut bénéficier de la loi des moyennes, révélée par la statistique. Plus les risques sont nombreux, plus les chances d'écart diminuent.

Au point de vue économique et au point de vue technique, l'idée d'association, de division des risques, est à la base de l'assurance sur la vie moderne et d'une façon générale à la base de toute assurance sérieusement établie. C'est elle qui donne à l'assurance actuelle sa supériorité, c'est elle qui explique la disparition du contrat isolé d'assurance. Si un particulier assure un autre particulier, le risque n'est pas divisé ; il n'est que déplacé ; si l'un des contractants est à l'abri des coups du hasard, c'est au détriment de l'autre.

Assurément, cette idée de mutualité n'est pas la seule qui contribue à donner à notre système d'assurance sa supériorité ; la connaissance de la loi des grands nombres et des tables de mortalité y ont une grande part. Mais l'idée essentielle, prédominante, c'est bien celle d'association, de mise en commun des risques. Sans elle, l'assurance n'est plus qu'une spéculation dangereuse, qu'un contrat livré au hasard. Un système d'assurances peut être organisé d'une manière assez sérieuse, malgré l'ignorance complète des tables de mortalité, pourvu qu'il ait l'association pour base, mais il ne peut pas se concevoir sans association. De fait, les premières sociétés d'assurances furent des mutuelles, fonctionnant sans l'aide des tables de mortalité (1). Ce ne fut que plus tard que la statistique permit aux sociétés mutuelles de mieux déterminer à l'avance les cotisations de leurs membres (2).

Aujourd'hui, deux sortes de sociétés pratiquent l'assurance : les compagnies mutuelles et les compagnies à prime fixe (par actions). Dans l'assurance à prime fixe, l'assuré paie chaque année une prime, qui reste invariable en ce sens qu'elle ne sera point augmentée ni diminuée à raison du nombre ou de l'importance des sinistres qui surviendront durant cette période. Dans l'assurance mutuelle, au contraire, la contribution de chaque associé varie suivant le chiffre des capitaux que la mutualité aura dû verser pendant l'année. Toutefois, ce n'est qu'en principe que les mutuelles fonctionnent toujours ainsi, car beaucoup d'entre elles demandent également aux assurés une cotisation fixe, déterminée d'après les tables.

Quelle que soit d'ailleurs la manière d'établir la prime, l'idée d'association est à la base des unes comme

(1) Telle fut l'Amicable Society, fondée en Angleterre en 1706. Chaufton : tome I, p. 163.

(2) La première fut l'Equitable Society, créée en 1762. De Courcy : *Les assurances sur la vie en Angleterre et en France.*

des autres. Malgré les apparences contraires, les compagnies à prime fixe ne font en réalité que gérer des mutualités ; leur mission est une mission de répartition ; elles distribuent aux assurés sinistrés les capitaux formés par la réunion des primes des co-assurés. Si elles ont un capital social, c'est pour parer aux éventualités que le hasard peut toujours produire ; c'est pour être en mesure de faire face aux paiements que pourrait nécessiter une année exceptionnellement chargée en sinistres et auxquels le fonds de prévoyance, formé par les primes annuelles, ne pourrait suffire.

Du reste, à mesure que d'une part les primes sont fixées d'une façon plus exacte et que d'autre part le nombre des assurés grandit, la place laissée au hasard et à la spéculation devient de plus en plus restreinte. L'expérience l'a démontré : une gestion sérieuse, en donnant à l'assuré une sécurité presque absolue, fait de l'assurance une industrie dont les risques commerciaux sont moindres que dans un grand nombre d'entreprises.

C'est ainsi que le contrat d'assurances, grâce à la statistique et à la réunion d'un grand nombre de risques, est devenu une opération de moins en moins aléatoire ; c'est ainsi que l'assureur et l'assuré, tous deux ennemis du hasard, sont parvenus à lui assigner une part de plus en plus limitée. « S'il a fallu... pres-
« que trois quarts de siècle pour que les générations
« nouvelles comprissent la portée de cette arithméti-

« que de la mortalité, elle est aujourd'hui solidement
« assise sur des bases scientifiques, dont le propre est
« d'affranchir l'assuré des risques qu'il redoute, pour
« les transférer à l'assureur qui les recueille, les pèse,
« les classe dans ses cartons où ils deviennent sans
« danger par leur nombre même, leur division, leur
« équilibre (1). »

Telles sont les idées fondamentales qui sont à la base
du fonctionnement moderne de l'assurance sur la vie.
Après ces généralités nécessaires, entrons un peu dans
le détail.

En concluant le contrat d'assurance, l'assureur a pris
l'engagement de verser une certaine somme à l'assuré
ou à ses ayants-droit au cas de survenance d'un certain
évènement. Ainsi, s'il s'agit d'une assurance en cas de
décès (2), il a promis de payer à la mort de l'assuré
un capital à ses héritiers ou au bénéficiaire désigné.
En réalité, ces tiers sont les véritables assurés ; ce n'est
que par extension qu'on donne le titre d'assuré au contractant lui-même. Mais l'assuré (au sens conventionnel du mot) doit fournir la contre-valeur de l'avantage
qui lui est ainsi procuré ; cette contre-prestation, c'est la
prime.

(1) *Revue des deux mondes* : 1898 ; sous la signature G. d'Avenel.

(2) C'est sur cette hypothèse que nous raisonnerons désormais, nous
réservant de traiter d'une façon subsidiaire de l'assurance en cas de
vie ; on verra, en effet, par la suite, que cette seconde classe d'assurances diffère profondément de la précédente et que les questions
juridiques qu'elle soulève n'offrent qu'un intérêt beaucoup plus minime.

Comment les parties, en pratique la Compagnie, vont-elles déterminer son chiffre ? La prime étant la contre-partie, l'expression de l'engagement assumé par l'assureur, il faut d'abord déterminer l'étendue de cette obligation (1).

C'est ici le lieu de se souvenir que l'assuré fait partie d'un groupe et que l'assureur, qui a la gestion des intérêts de ce groupe, devra, à l'aide des primes des co-assurés, payer les capitaux dus aux sinistrés. Le raisonnement suivant permettra, à l'aide des tables de mortalité (2), d'établir le chiffre de la prime. Il s'agit, par exemple, du calcul de la prime d'une assurance temporaire d'un an de 10,000 francs, l'assuré étant âgé de 30 ans. Si on consulte la table de Duvillard, on verra qu'à cet âge, sur un groupe de un million d'individus,

(1) Nous supposons qu'il s'agit d'une compagnie à prime fixe ou d'une compagnie mutuelle fonctionnant de la même manière. Si la prime n'est pas déterminée d'avance, mais fixée chaque année d'après le nombre des sinistres de la mutualité, il ne sera jamais question de réserve, ni par suite de réduction et de rachat ; on le comprendra implicitement par l'exposé qui va suivre.

(2) Les tables de mortalité diffèrent suivant les pays. En France, on a longtemps employé la table de Deparcieux et celle de Duvillard. Elles ont été abandonnées à cause de leurs inexactitudes et les compagnies françaises font aujourd'hui usage (depuis le 1er janvier 1894) de 2 nouvelles tables dressées par les soins du Comité d'assurances sur la vie. Elles sont désignées par les symboles A F (assurés français) et R F (rentiers français). La 1re indique la mortalité pour les assurés en cas de décès ; la 2me pour les rentiers viagers. Ces 2 tables ont servi de base à de nouveaux tarifs approuvés par décret rendu sur un avis du Conseil d'État le 1er juillet 1893.

le nombre des survivants est de 438,183 et qu'à l'âge de 31 ans, il sera réduit à 431,398 ; pendant cette période, l'assureur devra donc payer 67,850,000 francs pour 6,785 décès. En divisant cette somme par le nombre des associés 438,183, on trouve que la part contributive à verser par chaque assuré est de 155 francs, soit 1 fr. 55 pour un capital de 100 francs.

En faisant un calcul semblable pour les années suivantes, on obtiendrait, à l'aide de la table, la prime payable à chaque âge pour une assurance annuelle et l'on pourrait établir un tarif complet ; on saurait ainsi exactement quelle prestation un assuré, étant donné son âge, devrait fournir à l'assureur comme compensation de la garantie fournie.

En fait, ces calculs, sous réserve d'une modification importante, dont on verra bientôt la nature et la raison d'être, ont été faits et des tarifs établis en conséquence (1).

Le calcul de la prime, indiquée aux tarifs, ne repose pas d'ailleurs uniquement sur l'appréciation du risque. La partie de la prime correspondant à cette évaluation constitue seulement la *prime pure* ou *nette*, par opposition à la *prime brute* ou *chargée*, qui comprend en outre un second élément : le *chargement*. Ce supplé-

---

(1) En France, les tarifs sont les mêmes pour toutes les compagnies, une entente commune sur ce point ayant été reconnue nécessaire. Ils doivent être soumis avant d'être appliqués à l'homologation du Conseil d'État (cf. note précédente).

ment de prime est destiné à couvrir les frais d'administration, à payer les commissions dues aux agents intermédiaires, à procurer un bénéfice aux capitaux engagés dans l'entreprise. La perception de ce nouvel élément de la prime est légitime et nécessaire : en effet, si la mortalité est conforme aux indications de la table, qui est réputée exacte, les primes pures seront entièrement absorbées par le paiement des capitaux ; la compagnie alors non seulement ne ferait aucun bénéfice. mais elle ne pourrait même pas couvrir ses frais. Il est donc nécessaire que la prime pure soit augmentée de cette valeur de chargement.

Telle est la manière d'établir le chiffre de la prime. En pratique, ce calcul sera rarement aussi simple. En effet, nous avons supposé, pour plus de clarté, qu'il s'agissait de connaître la prime à payer pour une assurance annuelle en cas de décès ; or, l'assurance annuelle, à cause de son infériorité, n'existe guère que dans le domaine de l'hypothèse. On s'assure en général soit pour la vie entière, soit au moins pour plusieurs années ; la prime est dite alors viagère dans le premier cas (c'est le cas le plus fréquent) et temporaire dans le second.

Il est facile de comprendre pourquoi le contrat d'assurance annuelle n'est pas usité. L'emploi de ce procédé entraînerait pour l'assuré des inconvénients multiples : outre l'ennui d'avoir à refaire un contrat chaque année, il serait obligé de subir, dans l'assurance en cas de décès tout au moins, une nouvelle visite médicale à chaque renouvellement de contrat ; si, au cours de l'année, il avait été atteint d'une maladie ou d'une infirmité, il pourrait se voir refuser la conclusion du contrat et il serait ainsi privé des avantages de l'assurance précisément au moment où elle lui aurait été le plus utile. Il devrait supporter également les frais d'une nouvelle police. Enfin et surtout la prime irait, comme on le verra plus loin, en croissant chaque année pour atteindre au bout d'un certain temps un chiffre exorbitant. C'est pour ces raisons que le contrat d'assurance sur la vie est conclu en pratique pour une assez longue durée et même, le plus souvent, pour la vie entière.

Mais, si l'assurance est rarement contractée pour une durée d'un an seulement, le paiement de la prime s'effectue, au contraire, chaque année au début de l'exercice. On pourrait concevoir, il est vrai, que l'assuré se libère d'une autre manière : par un seul paiement, par le versement d'une prime unique.

L'assureur ferait le calcul de cette prime en cherchant pour chaque année, d'après la table, le montant des capitaux qu'il aurait à payer par suite des sinistres, sous déduction, pour les années autres que la première, d'un escompte annuel de 3 0/0 par exemple. En faisant le total des sommes ainsi obtenues, il aurait le chiffre de la valeur actuelle de ses engagements vis-à-vis du groupe. En divisant enfin le résultat ainsi trouvé par le nombre des associés, il connaîtrait le montant de la prime unique que devrait verser actuellement l'assuré.

Mais ce procédé n'est pas employé, pas plus que la combinaison de l'assurance annuelle. Celui qui s'assure devrait payer une somme relativement élevée : il serait obligé souvent d'entamer son capital, au lieu de prélever chaque année une prime sur ses revenus ou sur les produits de son travail ; en agissant ainsi, il pourrait se créer une certaine gêne et même nuire à d'autres intérêts. Le versement annuel d'une somme minime est pour lui bien préférable ; aussi, presque toujours, la prime est-elle annuelle.

Il faut même remarquer que l'on n'a point adopté une autre division. La prime n'est ni semestrielle, ni trimestrielle, mais annuelle. Pour qu'il en fut autrement, il faudrait modifier toute l'organisation actuelle de l'assurance qui repose essentiellement par tous ses rouages sur la division en années ; mesure bonne d'ailleurs, car elle est intermédiaire entre des extrêmes. Rien n'empêche, du reste, les compagnies d'autoriser les assurés à payer en plusieurs termes la prime d'une année ; cette faculté, accordée en vue de favoriser le développement de l'assurance, ne modifie en rien le principe de l'annualité ; il est absolu.

Il nous est donc acquis jusqu'ici que les contrats d'assurance sont contractés le plus souvent pour une durée supérieure à un an, moyennant le paiement annuel d'une prime. Il faut savoir maintenant si le montant de cette prime reste invariable chaque année, ou si, au contraire, il accroît ou décroît d'échéance en échéance. Nous allons voir qu'ici la pratique a du remédier aux solutions que suggérait la logique.

Il est, en effet, naturel de penser que les primes grossissent d'année en année, puisqu'à mesure que l'assuré avance en âge, ses chances de mortalité augmentent. La compagnie qui gère une mutualité (nous le savons) aura donc à payer chaque année un chiffre d'indemnités (1) plus important que celui de l'année précédente. La prime grandira en conséquence à mesure que le nombre des échéances se multipliera et elle grandira d'autant plus vite, que, par suite des décès déjà survenus, le nombre des associés diminue de plus en plus. C'est ce que nous allons voir clairement en reprenant l'exemple cité plus haut.

Supposons que les membres de notre groupe fictif d'assurés, dont l'assureur gère les intérêts, aient conclu, non plus une assurance temporaire d'un an, mais une assurance vie entière. Nous savons qu'à l'expiration de la première année et le paiement des 6,785 indemnités nécessitées par les sinistres, il ne reste rien en caisse. Les 431,398 survivants devront donc payer des primes suffisantes pour parer aux sinistres de l'année qui commence. Or, d'après la table de Duvillard,

---

(1) Toutes les fois que nous emploirons ce terme *d'indemnité*, ce sera uniquement comme synonyme du mot capital assuré ; il ne faudra pas y voir une idée de dédommagement.

le nombre des décès qui se produiront normalement parmi ces survivants entre la 31e et la 32e année sera non plus de 6,785 mais de 6,815 ; la prime à payer sera de 158 francs, soit 1 fr. 58 pour un capital de 100 francs, tandis que la première prime n'était que de 1 fr. 55. Le montant de la 3ᵐᵉ serait encore supérieur à celui-là ; et ainsi de suite chaque nouveau versement à faire serait plus élevé que le précédent. Le sacrifice annuel à réaliser par chaque assuré finirait ainsi par devenir exorbitant.

Il pourrait même arriver que la prime devint égale à l'indemnité que la compagnie paierait au cas de sinistre. Que l'on imagine, en effet, qu'à un moment donné, tous les assurés du groupe soient décédés, sauf un seul ; d'après la table de Duvillard, cet événement se produira à 109 ans. Comme les primes antérieures ont été totalement absorbées par le paiement des sinistres précédents, ce dernier survivant devrait verser une prime qui serait précisément égale au capital que ses héritiers toucheraient à son décès.

Si l'on ajoute à ces observations que la progression continuelle de la prime deviendra le plus souvent d'autant plus onéreuse pour l'assuré que ses ressources pécuniaires diminuent, à mesure qu'il avance en âge, par suite de son incapacité ou de son insuffisance de travail, on sera convaincu que le système de la prime croissante n'est guère pratique. Combien peu de personnes voudraient entreprendre cette opération !

Voici d'ailleurs les résultats auxquels elle conduirait. Beaucoup d'assurés renonceraient bien vite à continuer le paiement de leurs primes, car si l'opération est favorable pour ceux qui meurent jeunes, elle ne l'est pas pour ceux qui ont opéré déjà un certain nombre de versements, à cause de la disproportion qui existe entre les sacrifices annuels et le résultat obtenu. Les assurés bien portants se retireraient donc et la compagnie, à la suite de cette sélection, n'aurait plus affaire qu'à un groupe d'assurés, dont la mortalité, supérieure à celle des tables, lui occasionnerait des pertes.

Un tel système aurait donc été imparfait, à cause des inconvénients multiples qu'il aurait présenté pour toutes les parties. Les compagnies lui ont heureusement substitué celui de la *prime uniforme*, c'est-à-dire d'une prime moyenne qui restera la même pendant toute la durée de l'assurance. Mais il importe, avant d'aborder son étude, qui va nous conduire directement à notre sujet, de présenter quelques observations nécessaires pour compléter cet aperçu sur la formation des primes.

A côté de la prime uniforme et de la prime croissante, il faut mentionner la prime décroissante. Cette combinaison, assez fréquente, paraît-il, en Angleterre, se rencontre notamment dans l'hypothèse suivante : un débiteur, pour donner une garantie à ses créanciers, s'assure pour une somme égale au montant de sa dette; s'il meurt avant sa libération, la compagnie leur paiera l'indemnité convenue. Or, il arrive le plus souvent que, la dette étant payable par fractions annuelles, on convienne que le capital assuré suivra chaque année les fluctuations de cette dette ; la prime alors décroîtra à chaque échéance proportionnellement à la diminution du capital.

Qu'elles soient d'ailleurs décroissantes ou croissantes, les primes, telles que nous venons de les voir fonctionner, n'en sont pas moins fixes dans le sens spécial que l'on donne à ce mot en cette matière (compagnies à prime fixe), car elles varient à chaque échéance d'une quantité fixée d'avance. On a vu que dans les compagnies mutuelles, au contraire, leur taux, en principe du moins, dépend du chiffre des capitaux que la compagnie a dû payer dans l'année.

Il faut noter pourtant que, même dans les compagnies à prime fixe, la prime annuelle pourra décroître dans une certaine proportion par suite du système de la participation aux bénéfices. En vertu de cette combinaison, en effet, l'assuré a droit à une certaine part sur les bénéfices nets, suivant les mesures prises par le Conseil d'administration. Il est libre de toucher immédiatement cette somme, mais il peut demander qu'elle serve à une réduction de la prime annuelle.

Ces remarques faites, revenons à la prime uniforme, aussi dénommée constante. Le montant de cette prime reste le même, comme son nom l'indique, pendant toute la durée de l'assurance ; à 80 ans, l'assuré paiera la même somme qu'à 30 ans.

Le chiffre de la prime annuelle uniforme est déterminé d'après le taux de la prime unique qu'il aurait fallu payer au début de l'assurance, si l'on avait adopté ce mode de paiement (1). Il est égal à la rente viagère correspondant à cette prime unique, fonctionnant comme capital, d'après le tarif des annuités viagères.

Peu importe, d'ailleurs, au point de vue du groupe, que les capitaux soient versés sous cette forme ou sous la forme de primes temporaires croissantes. Le chiffre des sommes qu'il aura à débourser est exactement le même dans les deux cas. La prime uniforme, en effet, est calculée d'après la prime unique, et cette prime unique elle-même n'est autre chose, comme on l'a vu, que la valeur actuelle au comptant de l'ensemble des primes d'assurances temporaires d'un an que les membres du groupe auraient été obligés de verser successivement jusqu'à sa disparition complète. Or, deux quantités égales à une troisième sont égales entre elles.

De tout ceci, retenons cette considération importante, dont on retrouvera plus loin l'utilité : c'est que la prime est toujours établie en supposant que l'individu qui s'assure fait partie d'un groupe.

Les exemples suivants montreront à quels inconvénients pratiques obvie la prime uniforme (2) :

Il s'agit, par exemple, d'une assurance temporaire de

----

(1) Voir page 19 comment on détermine le quantum de cette prime.
(2) Cf. Couteau : tome I, p. 163.

5 ans en cas de décès, conclue par un individu âgé de 30 ans. S'il payait une prime croissante, voici quelles sommes il devrait successivement verser pour un capital de 100 francs : 1re année, 1 fr. 55 ; 2e année, 1 fr. 58 ; 3e année, 1 fr. 61 ; 4e année, 1 fr. 64 ; 5e année, 1 fr. 67 ; la prime uniforme sera le chiffre moyen, soit 1 fr. 61.

Si, au lieu d'une assurance temporaire, il s'agissait d'une assurance vie entière conclue dans les mêmes conditions, la prime moyenne serait de 2 fr. 49. Une prime croissante aurait subi, dans les premières années, la même progression que dans l'exemple précédent ; à 40 ans, elle aurait atteint 1 fr. 89 ; à 49 ans, 2 fr. 49 ; à 60 ans, 4 fr. 30, etc.

Par où l'on voit que l'assuré, à raison du jeu de la prime uniforme, paiera dans les premières années des primes supérieures à celles qu'il aurait payées s'il avait adopté les primes croissantes ; mais que l'écart entre ces deux sortes de primes devient de plus en plus faible à mesure qu'il avance en âge. A 49 ans, elles sont égales. Après cette époque, le taux de la prime uniforme sera moins élevé que celui de la prime croissante et la différence, s'accusant de plus en plus, finira par devenir considérable.

En d'autres termes, jusqu'à l'âge de 49 ans, l'assuré versera chaque année à la compagnie une somme supérieure à celle qu'il lui devrait normalement pour la garantie qui lui est procurée. Ces avances ne seront d'ailleurs pas perdues, car elles serviront dans l'avenir à compenser l'insuffisance des primes futures, lorsque l'assuré ne versera plus chaque année qu'une prime trop faible pour contrebalancer le risque qu'il fera courir à l'assureur.

Ces excédents de primes, ces avances constituent la *réserve;* ils sont ainsi qualifiés parce que la compagnie doit, en attendant leur emploi, les mettre de côté, en réserve, c'est-à-dire les placer à intérêts.

La théorie de la réserve domine toute notre matière. Sans elle, il ne serait jamais question ni de rachat ni de réduction. Son étude a donc pour nous une grande importance ; il est essentiel, pour l'intelligence des discussions juridiques qui suivront, d'en connaître avec précision le mécanisme.

La réserve, qu'on qualifie aussi parfois de réserve mathématique, réserve pour risques en cours, réserve des primes, a été définie (1) « la portion des primes « reçues et mises de côté pour faire face aux risques « restant à courir ». Ce sont les capitaux, versés par anticipation, dont l'assureur aura besoin dans l'avenir pour faire face, avec l'adjonction des primes futures, à ses charges probables.

Au moment de la conclusion du contrat d'assurance, l'assureur et le groupe d'assurés (on sait que l'idée d'association est inséparable de l'assurance actuelle) ont pris réciproquement des engagements qui sont équi-

(1) Maas : *Journal des actuaires français*, 1re année, p. 106.

valents. La compagnie devra payer les capitaux convenus au moment de la réalisation des risques, et chacun
des assurés devra verser en retour des primes annuelles comme compensation de la garantie ainsi accordée.

Mais comme chaque prime annuelle uniforme n'est
pas — nous l'avons dit — l'expression exacte de l'engagement qui y correspond, l'équilibre entre ces obligations réciproques est rompu dès la première année
au profit de l'assureur. Pour qu'il puisse être rétabli
dans l'avenir, la compagnie devra garder devers elle
tous les excédents de primes qu'elle touchera et les
faire fructifier. Dans notre exemple, elle procédera à
cette accumulation jusqu'au jour où le groupe aura
atteint la 50ᵉ année.

C'est seulement à dater de ce moment, où la prime
moyenne sera devenue inférieure à la valeur du risque
annuel, qu'elle commencera à les utiliser. Elle le fera
d'abord dans une faible mesure, car durant les premières années de la *2ᵉ période*, les primes annuelles
seront à peu près suffisantes pour former les indemnités. Puis peu à peu, le prélèvement qu'elle exercera
chaque année sur ces capitaux en réserve deviendra
plus considérable. Dans la formation des indemnités,
la partie afférente aux réserves sera bientôt plus importante que celle constituée par les primes annuelles,
car l'écart entre le risque et la prime correspondante
grandira de jour en jour.

Ainsi s'absorberont petit à petit les capitaux versés prématurément entre les mains de l'assureur. Mais à mesure qu'ils disparaîtront, il aura rempli un plus grand nombre de ses engagements ; et. si ses calculs ont été exacts, le jour où il ne survivra plus qu'un seul individu du groupe, le reliquat qu'il trouvera en réserve dans sa caisse devra, ajouté à la prime annuelle de ce dernier assuré, soit 2 fr. 49, former exactement le capital à payer aux bénéficiaires, soit 100 francs (1).

Pour bien comprendre le fonctionnement de la réserve, il ne faut point envisager ce qui se passe pour un assuré isolé, mais considérer le groupe entier des assurés. Nous avons démontré plus haut que l'idée d'association est à la base de l'assurance moderne ; vouloir écarter cette notion pour expliquer l'évolution d'une opération à long terme comme la réserve, c'est vouloir faire fausse route. Si l'on ne considérait qu'un assuré isolé, on serait tenté de croire que la réserve, jointe aux primes annuelles versées par cet assuré, est destinée à former le capital qui sera payé à son décès à ses héritiers. Rien ne serait plus faux ; on a vu que les primes annuelles de *tous* les membres du groupe servent à former les indemnités payées chaque année par la compagnie. Il en est de même de la réserve : lorsque l'assureur puise dans son fonds de réserve, il ne fait

(1) Pour ne pas compliquer inutilement cet exposé, nous avons fait abstraction des frais d'administration et des bénéfices auxquels a droit la compagnie, en ne tenant compte que des primes pures.

point de distinction suivant l'origine des capitaux ;
ainsi, lorsque le dixième du total des réserves a disparu de la caisse commune, c'est la dixième partie de la
réserve de chacun des assurés qui a servi à ces prélèvements. Il n'y a point de capitalisation au profit de
l'assuré dans l'assurance sur la vie.

L'examen d'un contrat unique ne saurait donc conduire à la solution vraie. Pour bien saisir le jeu de la
réserve, il est essentiel d'étudier son évolution parallè-
lement à celle du groupe. Il faut voir comment, malgré
l'apparente complexité de cette combinaison, la compagnie et les assurés parviennent à remplir mutuellement leurs engagements ; comment les assurés, tenus
d'obligations successives croissantes, les exécutent en
partie par anticipation et comment la compagnie par-
vient à se libérer complètement envers eux au moment
de la mort du dernier survivant.

Afin de mieux faire ressortir le but de la réserve,
nous avons raisonné sur l'hypothèse d'une assurance
en cas de décès vie entière. Cette opération à longue
échéance est préférable à toute autre pour montrer la
naissance, le développement, l'absorption et enfin l'extinction de la réserve des primes. Mais un raisonnement analogue s'appliquerait pour toute autre assurance
en cas de décès dont les primes auraient été stipulées
uniformes (1).

(1) Il faut signaler ici la méthode défectueuse qu'ont employée cer-

C'est, en effet, du mécanisme de la prime uniforme que naît la réserve ; elle en découle nécessairement. La prime croissante, au contraire, étant l'équivalent exact des obligations annuelles de l'assuré, ne lui donne jamais naissance. Quant à la prime décroissante, elle impliquerait également la réserve, si l'importance des risques couverts par l'assureur suivait une progression croissante ou tout au moins constante, mais le cas semble peu pratique.

Quelle que soit d'ailleurs la combinaison que l'on imagine, si elle suppose à sa base la réserve, les idées que nous venons d'exposer sur son fonctionnement reparaîtront toujours. Quelques modifications pourront être apportées dans le détail ; les principes resteront identiques

On pourrait même concevoir l'existence de la réserve en dehors de l'assurance sur la vie, par exemple dans une assurance contre la mortalité du bétail. Mais dans la plupart des assurances, assurances maritimes, assurances contre l'incendie, assurances contre les acci-

---

taines compagnies américaines, les sociétés dites d' « assessment ». Elles ne faisaient pas de réserve ; les assurés payaient une prime dont le taux correspondait à celui de la prime croissante. Mais au lieu d'augmenter chaque année cette prime, comme il aurait fallu sagement le faire, elles la laissaient stationnaire quelques années, puis l'augmentaient tout d'un coup d'une quantité assez importante. La conséquence de cet accroissement subit, c'était la défection d'un grand nombre d'assurés et le résultat final, c'était le plus souvent la faillite de la Compagnie.

dents, la prime annuelle étant l'exacte contre-partie de l'obligation prise, la Compagnie n'a aucune restitution tardive à faire sur les sommes qu'elle a touchées. Dans la pratique, la réserve est une institution particulière à l'assurance sur la vie.

Quelques détails pratiques ne seront pas inutiles pour compléter et éclaircir ce que nous venons de dire sur cette réserve.

Comme elle est destinée à compléter les primes trop faibles des années à venir, elle doit rester entre les mains de la compagnie. L'assureur n'a pas le droit de disposer librement de cette valeur dont il répondra plus tard vis-à-vis du groupe. La conservation intégrale des réserves constitue une obligation impérieuse pour les compagnies d'assurances sur la vie. Toute compagnie qui ne garderait pas ses réserves irait infailliblement vers sa ruine ; à un moment donné, elle en pourrait plus faire face à ses engagements.

Mais il ne suffit pas qu'elle accumule les capitaux ainsi versés par avance entre ses mains ; elle doit les rendre productifs en les plaçant à intérêt. Dans le calcul du taux de la prime uniforme, on a tenu compte de cette capitalisation ; l'assureur qui laisserait ses réserves improductives serait à un certain moment incapable de remplir ses obligations. Longtemps en France, les compagnies ont basé leurs calculs sur le taux de 4 0/0 ; aujourd'hui, à cause de la difficulté de trouver des pla-

cements aussi rémunérateurs, ce taux a été abaissé à
3 1/2 0/0 (1).

La réserve n'est point une quantité arbitraire ; elle
doit être fixée par des calculs précis. L'assureur devra
employer une table de mortalité se rapprochant autant
que possible de la vérité pour le groupe qu'il considère
et adopter un taux d'intérêt se rapprochant le plus possible de celui qu'il touchera réellement. La constitution d'une réserve trop forte aurait pour effet en élévant
le chiffre de la prime de donner prise à la concurrence
et d'éloigner les assurés; celui d'une réserve trop faible
mettrait en danger le crédit de la compagnie.

Si les primes annuelles pures et les réserves (qui ne
sont du reste qu'une partie de ces primes) ont été cal-
culées d'une façon exacte, elles devront suffire à payer
toutes les indemnités du groupe et il ne devra rester en
fin de compte aucun excédent. Les bénéfices de l'assureur doivent venir d'une autre source, du chargement
des primes ; ils pourront provenir aussi (2) du placement des réserves à un taux plus élevé que celui dont

(1) Le placement des réserves peut être une source de bénéfices
pour les compagnies : c'est ce qui arrivera s'il est fait à un taux supérieur à celui qui a été pris pour base dans le calcul de la prime. Comme elles détiennent du chef des réserves des capitaux considérables
(à la fin de l'exercice 1898, le chiffre des réserves pour toutes les
compagnies françaises était de 1,941,467,399 francs. *Journal des assur.*, septembre 1899, p. 346), elles pourront réaliser ainsi de beaux
bénéfices.

(2) Voir note précédente.

on s'est servi pour le calcul de la prime. S'il arrivait pourtant que, pendant une année, il y ait moins de sinistres que ne l'avait fait prévoir la table, la Compagnie aurait de ce chef un nouveau bénéfice. Mais il pourrait arriver à l'inverse que les décès d'une année excèdent les prévisions de la table ; les sommes nécessaires seraient prises alors sur le chargement des primes ou sur les réserves de prévoyance (1) et non pas sur le fonds de réserves provenant des primes, qui doit rester intact. Chaque année, au 31 décembre, les compagnies font le calcul de leurs réserves et classent leurs assurés par groupes ; elles dressent le compte des réserves appartenant à chaque groupe et établissent pour chacun des membres un compte particulier.

Il nous reste, pour compléter cette étude sur la réserve, à faire justice d'une objection, que l'on pourrait être tenté de formuler contre l'explication qui vient d'être émise sur le fonctionnement et la nature de la réserve. Cette discussion, tout en confirmant la théorie que nous venons d'établir, nous conduira en outre à des constatations intéressantes.

La réserve, avons-nous dit, est une prime anticipée ; c'est une avance faite par les assurés ; elle trouvera son emploi plus tard. Et nous avons montré comment

---

(1) Il est presque inutile de faire remarquer qu'il ne faut pas confondre avec les réserves pour risques en cours les réserves statutaires prélevées sur les bénéfices pour la garantie des assurés d'après les décisions des statuts.

la réserve s'accroît pendant un certain temps pour diminuer dans une seconde période et disparaître enfin. Or, si l'on calcule la valeur de la réserve d'un assuré, à des âges différents, à 35, 50, 60, 80 ans par exemple, on constate que cette réserve, loin de diminuer durant une deuxième période, grandit toujours et de plus en plus vite à mesure que l'assuré avance en âge (1). Comment expliquer cette anomalie? Ne faut-il pas voir plutôt dans la réserve une capitalisation continue au profit de chaque assuré? Notre théorie sur la réserve n'est-elle donc qu'une pure fiction contredite par la réalité?

Il n'en est rien et la conciliation de ces deux affirmations, en apparence contradictoires, est facile. L'opposition vient de ce que, dans le premier cas, on envisage le groupe entier des assurés, tandis que dans le second on ne s'occupe plus que d'un assuré isolé. Or, s'il est vrai de dire que la réserve individuelle augmente sans cesse, il est vrai aussi de dire que la réserve du groupe diminue d'une façon continue durant la deuxième période. L'expérience le démontre (2). Com-

---

(1) Voici d'après Dormoy (tome II, p. 275 suiv.) comment progresse la réserve d'un contrat d'assurance vie entière, conclu à 30 ans pour un capital de 100 francs (d'après la table de Duvillard et le taux de 4 0/0) : à 35 ans, elle sera de 5,238; à 40 ans, de 11,263; à 50 ans, de 25,998 ; à 70 ans, de 60,929 ; à 90 ans, de 78,489.

(2) M. Adan, dans son étude sur la « nature du contrat d'assurance sur la vie », donne (p. 30 et 31) un tableau intéressant duquel il résulte que la réserve d'un contrat conclu à 55 ans progresse d'une façon continue, tandis que le fonds total des réserves monte graduellement

ment expliquer cette antinomie ? Comment se fait-il que la réserve du groupe, qui n'est que la réunion des réserves individuelles, suive une évolution différente ?

Il est incontestable qu'à dater du jour où les primes annuelles deviennent insuffisantes pour former les indemnités correspondantes, soit à 50 ans dans notre exemple, l'assureur doit opérer des prélèvements sur les réserves du groupe, qui commencent ainsi à diminuer. Ce mouvement continue sans interruption et grandit d'autant plus vite que, par suite de la diminution croissante du nombre des assurés, la compagnie perçoit un chiffre de primes de plus en plus faible à chaque échéance nouvelle.

Aussi, quand arrivera le jour où le groupe sera réduit à une seule tête, la réserve sera presque totalement épuisée. Il ne restera plus dans la caisse de la compagnie, si les prévisions ont été exactes, que la somme exactement suffisante pour former, avec la prime que paiera ce dernier survivant, le capital à payer à ses héritiers. Ainsi, la prime étant de 2 fr. 49, la caisse devra contenir 97 fr. 55, si l'indemnité payable est de 100 francs (exactement un peu moins à cause de l'augmentation par les intérêts). La diminution de la réserve du groupe est donc nécessaire.

L'augmentation de la réserve individuelle ne l'est

jusqu'à l'âge de 70 ans pour décroître ensuite jusqu'à l'extinction complète du groupe.

pas moins. Mais pour comprendre cela, il ne faut point envisager seulement un assuré isolé, mais se souvenir que cet assuré fait partie d'un groupe. Si, ne considérant qu'un isolé, on lui applique le raisonnement que nous venons de faire pour la réserve totale, on arrive à ce résultat contraire à la pratique et inexplicable que sa réserve diminue durant la deuxième période. Avec quelles sommes alors, en supposant qu'il soit le dernier survivant, la compagnie solderait-elle à ses héritiers l'indemnité stipulée? Si on tient compte, au contraire, de ce que cet assuré fait partie d'un groupe, on aboutira forcément à cette solution que sa réserve doit augmenter.

Il suffit pour cela de suivre l'évolution du compte d'un assuré qui vit longtemps, du dernier survivant, par exemple. Au moment où il paie sa première prime, c'est-à-dire lors de la conclusion du contrat, le paiement de la prime étant préalable (comme on le verra plus loin), sa réserve, en supposant qu'il ait 30 ans, sera de 0 fr. 94, la prime uniforme étant de 2 fr. 49, tandis que la prime normale serait de 1 fr. 55. A la fin de la première année, sa réserve n'est déjà plus la même ; elle a augmenté ; elle s'est accrue d'une certaine part des réserves de ses co-assurés morts durant le laps de temps écoulé. Ces réserves, en effet, appartiennent à la mutualité, puisque le capital stipulé, formé à l'aide des primes annuelles, est seul versé aux bénéficiaires ; elles seront donc partagées également entre ceux qui survivront à la fin de l'exercice.

Durant la deuxième année, le même jeu se renouvellera, pour se continuer ainsi jusqu'à ce que l'assuré ait atteint l'âge de 49 ans, époque à laquelle la prime, devenant égale à la prime vraie, ne permet plus à l'assureur de prélever de réserve sur les versements annuels.

Au commencement de la 2e période, les survivants ont donc tous une réserve égale, formée tant par l'excédent de leurs primes que par le partage des réserves des membres du groupe décédés. Mais cette réserve ne va pas rester intacte. Pour former désormais les indemnités, il faudra exercer des prélèvements sur les réserves, afin de parer à l'insuffisance des primes annuelles. Ainsi, le groupe ayant atteint l'âge de 60 ans, le nombre des survivants sera (d'après la table de Duvillard), de 213,567. La prime normale devant être, à cet âge, de 4 fr. 30, la Compagnie prélèvera, sur la réserve de chacun des assurés, 1 fr. 81, puisque la prime uniforme est de 2 fr. 49. En joignant aux primes ces parts de réserves, elle aura les capitaux nécessaires pour payer les indemnités des 9,187 assurés qui décèderont entre 60 et 61 ans.

Mais au fur et à mesure que les sinistres se produiront, les réserves des décédés viendront grossir celles des survivants et réparer la brèche qui y aura été faite. Le même jeu se répètera chaque année. Donc, d'une part, diminution annuelle de la réserve individuelle pour compléter la prime uniforme, et, d'autre part, augmentation de cette même réserve par le partage des réserves disponibles des assurés morts.

Et l'expérience prouve, en montrant que cette réserve grandit toujours d'une façon continue, que cette augmentation annuelle est supérieure à la diminution correspondante.

Si la réserve individuelle de chaque survivant était formée seulement par l'excédent des primes qu'il a payées, sans qu'elle soit jamais accrue par l'addition des réserves des assurés morts, elle diminuerait nécessairement dans la deuxième période, comme la réserve du groupe. Le dernier survivant n'aurait plus à son compte qu'un reliquat infime de la réserve primitive. Mais il faudrait pour cela que l'assureur verse à chaque sinistre, aux bénéficiaires, outre l'indemnité convenue, la réserve de l'assuré mort. Or, un pareil système ne se pratique pas et est impraticable, car il aboutirait à la spoliation des intérêts des derniers membres du groupe ; l'assureur n'aurait plus en mains les capitaux nécessaires pour verser à leurs bénéficiaires l'indemnité stipulée. Pour qu'il puisse remplir son rôle de répartiteur, pour que la mutualité fonctionne, il faut que les réserves des membres décédés soient reportées au compte des survivants.

Mais, grâce à cet apport, la réserve de chaque survivant non seulement se maintient, mais elle grossit même à chaque nouvel exercice, à mesure que son titulaire avance en âge. Et il doit en être ainsi, car, au moment de la mort du dernier membre de la mutualité, la compagnie devra trouver, dans la caisse du groupe, une somme précisément égale au capital à payer, moins la prime annuelle (1). Ce qui prouve que, durant la deuxième période, le prélèvement annuel sur chaque réserve individuelle est nécessairement inférieur à l'accroissement produit par la division des réserves des mutualistes morts.

C'est ainsi que la réserve individuelle augmente, tandis que la réserve totale diminue. Ce phénomène, en apparence singulier, trouve son explication dans la diminution continue du chiffre des membres du groupe et dans le report des réserves disponibles des décédés sur les réserves des survivants. Mais pour comprendre cette antinomie apparente, il ne faut point considérer un assuré isolé, mais se souvenir qu'il est en quelque sorte un associé (2).

Quelles conclusions pratiques pouvons-nous déduire de cette discussion ? En premier lieu, elle confirme l'exactitude de la théorie que nous avons émise sur la réserve ; c'est bien une provision remise à l'assureur dans le but de compenser l'infériorité des primes futures. Elle explique en second lieu l'augmentation continue, à mesure que l'assuré avance en âge, de sa réserve in-

----

(1) Cf. page 36.

(2) Voici la reproduction d'un tableau extrait de l'ouvrage de M. Polerin du Motel (*Théorie des assurances sur la vie*, p. 333), montrant l'évolution des réserves d'un groupe de 771 polices vie en-

dividuelle et par suite des valeurs de réduction et de rachat. Elle nous éclairera en outre sur la solution d'un problème fort important, relatif à l'origine du droit de l'assuré sur la réserve.

Elle fournit enfin un argument puissant pour répondre à une théorie qui semble abandonnée aujourd'hui, mais dont nous devons pourtant dire un mot. Certains auteurs (1) ont prétendu que le contrat d'assurance était mi-partie une assurance, mi-partie un placement, et, pour le soutenir, ils se sont basés sur l'existence de la réserve. Chaque année, disaient-ils, la réserve provenant des excédents de la prime uniforme est mise au compte de chaque contractant ; elle grandit peu à peu, tant par

tière souscrites à 30 ans ; le capital assuré étant de 10,000 francs et la prime annuelle de 180 francs. D'après la table A. F. et le taux de 3 1/2 0/0.

Age.	Réserve par contrat.	Nombre des polices survivantes.	Réserve du groupe.
30	»	771	»
35	614	743	456.202
40	1.305	711	927.855
45	2.069	674	1.394.506
50	2.896	629	1.821.584
55	3.769	572	2.155.868
60	4.662	501	2.335 662
65	5.545	414	2.295.630
70	6.384	312	1.991.808
75	7.148	204	1.458.192
80	7.813	107	835.991
85	8.362	40	334.480
90	8.794	9	79.146

(1) Voir les auteurs cités par Lefort : tome I, p. 173, note 1.

cet accroissement annuel que par le jeu de l'intérêt,
jusqu'au jour où elle contribuera à former le capital
assuré ; elle n'est donc qu'une capitalisation.

Ce n'est point ici le lieu de procéder à une réfutation
complète de ce système. Nous nous bornerons seulement à ajouter, aux objections fondamentales déjà faites
à cette opinion (1), les considérations suivantes qui
découlent du mécanisme de la réserve tel qu'il vient
d'être exposé.

La réserve n'est point une capitalisation au profit de
l'assuré. En effet : 1° durant la 2e période, lorsque les
indemnités sont constituées en partie à l'aide de prélèvements sur les réserves, la compagnie prélève, sur
l'actif porté au compte de chacun des assurés, une somme égale, sans affecter uniquement à la formation du
capital la réserve totale de l'assuré mort ; la part qui
restera à son compte ira grossir celles des survivants.
2° La réserve de chaque assuré n'est pas seulement
constituée par les excédents de la prime uniforme sur la
prime temporaire, mais en partie par l'accroissement
des parts de réserves des assurés morts. Ce deuxième
élément prend même de plus en plus d'importance à
mesure que l'assuré avance en âge ; il continue à grandir durant la deuxième période, tandis que pendant ce
temps l'autre élément de la réserve s'absorbe au contraire peu à peu ; à tel point que la réserve du dernier

____

(1) Voir même note.

survivant sera à peu près uniquement constituée par des capitaux provenant des réserves de ses co-assurés.

L'idée d'une capitalisation au profit de l'assuré, considéré isolément, est donc inconciliable avec le fonctionnement moderne de l'assurance sur la vie.

Nous avons ainsi achevé l'étude de la formation des primes et de l'évolution de la réserve. Il est nécessaire, pour la compléter, de donner un aperçu sur la comptabilité des compagnies ainsi que sur les principales combinaisons d'assurance sur la vie dont on fait usage. C'est seulement après cet exposé, que la pratique nous impose, que nous pourrons aborder l'étude des questions vraiment juridiques.

La compagnie, on l'a vu, gère une mutualité. Elle reçoit chaque année des capitaux qu'elle doit conserver plus ou moins longtemps, mais qui sont destinés à être distribués suivant les besoins de l'association.

S'il n'y avait que des assurances d'un an, le compte serait facile à faire ; il serait clos chaque année. Mais les assurances temporaires de plus d'un an et surtout les assurances vie entière, en vertu desquelles l'assureur ne sera entièrement libéré de ses obligations qu'à la mort du dernier survivant du groupe, engendrent, à cause de l'adoption de la prime moyenne. une plus grande complication.

Chaque année, quelle que soit la durée des contrats d'assurance, la compagnie établit son compte. Les assurés sont classés par groupe suivant leur âge et suivant les circonstances dans lesquelles ils ont traité. Chaque groupe constitue une mutualité distincte et a sa gestion spéciale qui exige deux comptes : 1° le compte général de la mutualité : 2° le compte particulier de chaque assuré.

On porte au débit du compte général (1) le montant des indemnités à payer à la suite des sinistres survenus durant l'année et au crédit de ce compte, non pas les primes moyennes, mais seulement les primes temporaires d'un an correspondant à l'année en cours, soit 1 fr. 55 de 30 à 31 ans et non pas 2 fr. 49. Si le chiffre des décès a été conforme aux prévisions de la table, les deux sommes ainsi obtenues doivent se balancer exactement. Il serait faux de porter au crédit de ce compte le surplus des primes, autrement dit les réserves, car elles devront servir à maintenir la balance dans les comptes de la deuxième période.

L'assureur dresse aussi le compte particulier de chaque assuré et lui ouvre une sorte de compte-courant sur la caisse commune. La première année, il porte à son crédit la prime moyenne de 2 fr. 49 ; mais il le débite de 1 fr. 55, montant de la prime temporaire de 30 à 31 ans. Si l'assuré meurt, la caisse commune paiera l'indemnité avec les primes de 1 fr. 55, et la réserve, soit 0 fr. 94, sera partagée entre les survivants. En cas

____

(1) Cf. Vermot : *Catéchisme de l'assurance sur la vie*, 1re partie, p. 42.

de vie, au contraire, cette somme figurera à son crédit dans le compte de la deuxième année, qui sera ainsi établi : au crédit, on portera la réserve de 0 fr. 94, l'intérêt de cette somme pendant un an à 4 0/0 par exemple, une part des réserves des assurés morts la première année, enfin la prime moyenne de 2 fr. 49 ; au débit figurera seulement la prime temporaire correspondant à l'année en cours, soit 1 fr. 58.

La différence existant entre ces deux comptes constituera la réserve de la troisième année, pour laquelle on établira un compte analogue.

L'on procédera ainsi chaque année à la fin de l'exercice à une sorte de liquidation générale de tous les comptes particuliers. Ceux des survivants s'ouvriront à nouveau ; on leur fera subir une augmentation à raison du partage des réserves des assurés morts et une diminution pour la prime temporaire afférente à l'année en cours. Durant la deuxième période, ce calcul sera légèrement modifié, en ce sens qu'on portera au débit, outre la prime uniforme totale, la somme nécessaire pour parer à l'insuffisance de cette prime ; cette somme sera prise sur l'actif en réserve, établi précisément dans ce but.

Telle est la comptabilité tenue par les compagnies ; son mécanisme confirme pleinement les idées que nous avons émises sur le fonctionnement et l'évolution de la réserve des primes.

Voici maintenant un aperçu sur les principales combinaisons d'assurances sur la vie.

On peut les diviser en deux grandes catégories : les assurances *en cas de décès* et les assurances *en cas de vie*.

Les premières ont pour but de procurer, moyennant une prestation le plus souvent annuelle, un capital ou une rente viagère à un tiers lors du décès du souscripteur du contrat (1). Le tiers est désigné sous le nom de bénéficiaire et le souscripteur est, comme il a été dit déjà (2), qualifié improprement d'assuré.

Cette assurance est très usitée ; elle est fort utile. En créant une valeur payable à tout instant aux personnes gratifiées, elle fournit un moyen de parer aux conséquences pécuniaires malheureuses que leur occasionnerait le décès de l'assuré ; ainsi, elle permettra à un mari de garantir sa femme et ses enfants contre la misère, qu'entraînerait peut-être pour eux sa mort prématurée (3).

Les variétés de cette forme d'assurance sont multiples : 1° si elle est temporaire, l'indemnité ne sera versée par la compagnie que si le décès a lieu pendant la période prévue ; — 2° mais elle est conclue le plus souvent pour

(1) L'assurance est parfois conclue sur la tête d'un tiers ; c'est au moment de son décès que la compagnie devra verser l'indemnité. En France, on exige son consentement pour la conclusion du contrat.

(2) Voir page 13.

(3) C'est surtout au profit de la famille que l'assurance en cas de décès est pratiquée, du moins en France ; la proportion des contrats passés en faveur de bénéficiaires étrangers serait de 5 0/0 seulement. Cf. Lefort : tome I, page 3, note 2.

la vie entière ; — 3° elle pourra être faite sur deux têtes ; le capital sera payé à celui des deux qui survivra ; cette combinaison est pratiquée entre époux ; — 4° s'il est stipulé que le capital ne sera payé qu'en cas de survie du bénéficiaire à l'assuré, c'est une assurance de survie.

L'assurance en cas de vie vise un but moins élevé que la précédente. Celui qui contracte s'assure pour lui, non pour un autre ; il touchera l'indemnité convenue, s'il vit encore à une époque déterminée ; s'il est mort avant cette date, la Compagnie n'aura rien à payer.

Cette combinaison a dû être imaginée la première. En effet, avant de penser à enrichir les autres pour un temps où l'on ne sera plus, on a du songer d'abord à soi-même, à se procurer des ressources pour l'âge de la vieillesse et des infirmités.

Comme l'assurance en cas de décès, elle comporte plusieurs variétés. Dans l'assurance à capital différé, l'assureur s'oblige, moyennant une prestation presque toujours annuelle, à payer à une date fixée un capital à l'assuré, s'il vit encore à ce moment. On adopte aussi parfois cette combinaison pour constituer une dot à un enfant : la compagnie paiera le capital stipulé, s'il atteint l'âge de 20 ans par exemple. Cette forme d'assurance a l'inconvénient de faire perdre les primes versées, si l'assuré (au sens vrai et non pas conventionnel du mot) meurt avant le terme convenu. Aussi ajoute-t-on fréquemment dans ces contrats une clause de contre-assurance par laquelle la compagnie s'engage, moyennant une prime spéciale, à rembourser à la personne désignée toutes les primes versées, si l'assuré (le mot étant pris encore dans le même sens) ne vit pas jusqu'à l'époque fixée ; mais s'il vit encore à cette date, l'assureur gardera cette prime supplémentaire. La contre-assurance est donc une véritable assurance en cas de décès.

On a pu stipuler qu'au lieu d'un capital, la compagnie verserait une rente temporaire ou viagère.

La rente est-elle payable à dater d'une échéance très courte, elle est dite immédiate ; si le premier terme n'est payable, au contraire, qu'à une époque plus éloignée, c'est une rente différée.

Il importe de remarquer que l'évolution de la réserve dans les assurances en cas de vie n'est pas la même que dans les assurances en cas de décès. L'assureur n'a pas à solder chaque année un certain nombre de sinistres ; il paiera seulement à l'époque fixée, après 10 ans par exemple, les indemnités convenues à tous les survivants du groupe.

D'où il résulte que les primes annuelles, qui en pratique sont aussi uniformes, passent toutes entières à la réserve, sans subir aucune retenue pour couvrir des risques réalisés. Mais, de même que dans l'assurance en cas de décès, le groupe diminue chaque année, et il faut répartir les réserves des décédés entre les survivants ; de telle sorte qu'on verrait figurer au compte particulier de chaque assuré, outre les primes qu'il a payées, les parts de réserves provenant de ces partages.

L'assurance *mixte* tient le milieu entre les deux précédentes. Si l'assuré vit au terme convenu, il touchera le capital assuré ; s'il meurt avant cette époque, c'est le bénéficiaire qui en recevra le montant.

A raison de ce double avantage, cette combinaison est fréquemment adoptée, notamment en France (1), quoique le taux de la prime soit plus élevé que pour les autres assurances. Cette prime se compose, en effet, de deux éléments : une partie, correspondant à la prime de l'assurance temporaire en cas de décès, sera affectée au règlement des sinistres pendant la durée de l'assurance ; l'autre, correspondant à la prime de l'assurance en cas de vie, sera destinée à payer les indemnités aux membres du groupe qui survivront au terme fixé.

A côté de l'assurance mixte proprement dite, il faut mentionner l'assurance mixte à terme fixe. Dans cette combinaison, le capital assuré ne sera pas payé, au cas de décès, immédiatement après cet événement, mais seulement au terme convenu ; les primes cesseront pourtant d'être dues dès l'instant du décès. On l'emploie surtout pour constituer une dot à un enfant.

Telles sont les principales combinaisons d'assurance (2). On verra plus loin qu'elles ne doivent pas

(1) L'assurance mixte gagne du terrain à l'heure actuelle ; elle groupe annuellement un plus grand nombre de capitaux que l'assurance vie entière. V. *Journ. des assur.*, septembre 1899.

(2) Voici le chiffre des capitaux en cours au 31 décembre 1898 pour

F. 4

engendrer toujours les mêmes conséquences juridiques ;
il importait à ce titre d'en avoir un aperçu.

ces diverses sortes d'assurances (dans les compagnies françaises seulement). *Journ. des ass.*, sept. 1899, p. 341.

$$\text{Capitaux..}\begin{cases}\text{Vie entière : 1,604,263,175.}\\\text{Mixtes et terme fixe : 1,882,382,597.}\\\text{Temporaires, survie et divers : 233,132,109.}\\\text{Différées : 185,289,604.}\end{cases}$$

$$\text{Rentes ....}\begin{cases}\text{Différées, survies, temporaires : 4,504,109.}\\\text{Immédiates : 71,443,691.}\end{cases}$$

CHAPITRE II

DE LA RÉSILIATION DU CONTRAT D'ASSURANCE
SUR LA VIE

—

L'histoire de la formation des primes et du fonctionnement de la réserve, qui en est la conséquence, n'offrirait qu'un médiocre intérêt, si la personne qui s'est engagée vis-à-vis de la compagnie d'assurances était liée pour toute la durée du contrat, sans avoir la faculté de cesser le paiement des primes. Il ne serait, en effet, jamais question pour elle d'un droit quelconque à une portion de la réserve. Il importe donc de voir dans quelles conditions s'acquitte la prime.

D'après les conditions générales de toutes les polices (1), ce paiement présente toujours deux caractères : il doit être *préalable* et *facultatif*.

Le pourquoi de la première condition, c'est que le

(1) Elles sont en général ainsi conçues sur ce point :

Art. 3. — La police n'a d'existence et d'effet qu'après le payement de la prime de la première année ou, si la prime a été fractionnée, de la fraction convenue de cette prime.

Le payement des primes étant toujours facultatif... la police ne

risque ne peut être couru à découvert par la compagnie. C'est avec les primes, en effet, qu'elle forme les indemnités : dès lors, si le paiement, au lieu d'être fait au commencement de chaque année, ne l'était qu'à la fin, la compagnie serait exposée à ne pas toucher les primes des assurés insolvables et comme elle serait tenue pourtant de solder les indemnités stipulées, elle serait bien vite au-dessous de ses affaires.

Aussi, le contrat d'assurance n'est-il parfait qu'après le paiement de la première prime : tant qu'il n'a pas eu lieu, l'assureur n'est pas lié ; son obligation se trouve sans cause, car elle a pour cause la prestation de l'assuré.

Et, comme la prime n'est que rarement unique, mais

continue à avoir d'effet que si la prime a été acquittée à l'échéance ou, au plus tard, avant l'expiration des délais fixés au paragraphe suivant, qui sont laissés à l'assuré pour manifester sa volonté d'acquitter ou non ladite prime.

A défaut de payement dans les trente jours qui suivent l'échéance et huit jours après l'envoi par la Compagnie d'une lettre recommandée détachée d'un livre à souche et contenant rappel de l'échéance, l'assurance est de plein droit résiliée sans qu'il soit besoin d'aucune sommation ni autre formalité quelconque, la lettre recommandée, dont il vient d'être parlé, constituant, de convention expresse entre les parties, une mise en demeure suffisante.

Il est également de convention expresse entre les parties qu'il sera suffisamment justifié de l'envoi de la lettre recommandée au moyen du récépissé de la poste, et du contenu de cette lettre au moyen de la production du livre à souche mentionné ci-dessus.

L'assurance résiliée est de nul effet ou réduite d'après la distinction établie en l'article suivant.

se divise le plus souvent en prestations annuelles égales, le même raisonnement est applicable à chaque échéance nouvelle : la compagnie ne sera liée pour l'année en cours vis-à-vis de l'assuré que s'il a payé la prime correspondante.

Il arrive assez fréquemment que pour faciliter le versement de la prime, les compagnies consentent à diviser ce paiement en fractions semestrielles ou trimestrielles. Même dans ce cas, il reste toujours vrai de dire que le paiement de la prime est préalable, car chaque fraction sera payée à l'entrée de la période qui lui est affectée ; au cas de sinistre du reste, les fractions restant encore à payer au moment du décès seront déduites du capital à verser.

En second lieu, le paiement de la prime doit être facultatif. S'il en était autrement, si celui qui a contracté une assurance n'était pas libre de discontinuer, quand il lui plaira, le versement annuel des primes, l'assurance sur la vie ne serait guère pratiquée. Combien peu de personnes consentiraient à s'engager pour toute la durée de leur existence et même pour une moindre durée !

La fortune est inconstante et tel qui se trouve aujourd'hui dans l'aisance sera peut-être hors d'état dans quelques années de verser ses primes annuelles. Les raisons, qui ont amené à contracter une assurance sur la vie, ont pu d'ailleurs changer : une personne a contracté une assurance au profit d'un ami qui se trouve dans une situation précaire ; si cet ami meurt, s'il recueille un riche héritage, il serait injuste de déclarer l'assuré étroitement lié et de le contraindre à s'imposer des sacrifices qui n'ont plus leur raison d'être. C'est un mari qui veut protéger sa femme et ses enfants contre les difficultés d'un manque subit de ressources, dont sa mort prématurée pourrait être le prélude ; voudrait-on le contraindre, s'il a eu la douleur de les perdre, à continuer une opération, qui se trouve désormais sans but ! Et l'on pourrait supposer bien d'autres situations encore.

Pour être logique d'ailleurs, il faudrait, si le paiement des primes n'était pas facultatif, reconnaître à l'assureur non payé à l'échéance le droit de faire saisir les biens de l'assuré, d'exiger de lui des garanties, telles qu'un cautionnement, une hypothèque. Et l'on arriverait ainsi à ce résultat déplorable qu'un contrat d'assurance sur la vie, destiné à améliorer la situation de l'assuré ou des êtres qu'il affectionne, serait sur sa tête une perpétuelle menace et entraînerait souvent sa ruine.

En face de conséquences aussi désastreuses, la solution à adopter est facile : il est nécessaire que tout assuré puisse rompre, quand il le jugera utile, son contrat d'assurance. La règle du paiement facultatif s'impose.

Mais s'il est essentiel d'insérer cette clause dans les polices pour faciliter la conclusion des contrats d'assurance sur la vie, il est essentiel aussi qu'une faculté analogue ne soit pas accordée à l'assureur. Il ne faut pas que la compagnie puisse refuser à un moment quelconque la continuation du contrat; il faut qu'elle soit tenue pendant tout le temps que l'assuré voudra. La solution contraire aurait pour conséquence d'éloigner les preneurs d'assurance, car ils craindraient de ne pas trouver dans cette opération toute la sécurité désirable, en s'exposant à se voir opposer la résiliation du contrat après versement d'un certain nombre de primes.

Cette inégalité de situation n'est d'ailleurs nullement préjudiciable aux compagnies, car elles ne sont tenues que si les primes ont été payées et, si elles l'ont été, leurs risques sont couverts. Elle leur est même avantageuse, car elles ont intérêt à conclure le plus grand nombre possible de contrats.

Et il ne faut point objecter que la situation ainsi créée est bizarre, que l'une des parties est liée pour toute la durée du contrat, tandis que l'autre est libre de le rompre chaque année. Il faut se souvenir qu'en matière de contrats la volonté des parties est souveraine, toutes les fois qu'elle n'exprime rien de contraire à l'ordre public ou aux bonnes mœurs. L'article 1134 du Code civil le proclame. La raison le confirme ici : si cette inégalité de situation n'existait pas, s'il fallait contraindre l'assuré à s'engager pour toute la durée du contrat ou, en sens inverse, donner également à l'assureur le droit de rompre à son gré ce contrat, l'assurance sur la vie, cette institution pourtant si utile, n'aurait dans les relations sociales actuelles qu'un rôle précaire. Elle n'aurait recruté qu'un nombre restreint d'adhérents; elle n'aurait jamais atteint le développement qu'elle a acquis de nos jours.

On se trouve donc en présence d'un contrat conclu pour une durée quelconque, fixée à 10 ans par exemple dans une assurance temporaire, ou illimitée s'il s'agit d'une assurance vie entière, qu'une seule des parties a le droit de résilier quand il lui plaît.

Il y a des contrats résiliables par la seule volonté de l'une ou de l'autre des parties, comme le mandat (art. 2003 C. civ.), comme le louage de services fait sans détermination de durée (art. 1780 C. civ., modifié par la loi du 27 décembre 1890), comme la société, dont la durée est illimitée (art. 1865 et 1869 C. civ.).

Il y en a d'autres qu'une seule des parties à l'exclusion de l'autre a le droit de résilier à son gré. Ainsi, le déposant a le droit d'exiger à tout moment la restitution du dépôt (art. 1944 C. civ.). De même, on insère fréquemment dans un contrat de bail, fait pour une certaine durée, de 9 ans par exemple, la faculté pour le preneur seul, ou à l'inverse, pour le bailleur seul, d'y mettre fin par un congé au bout de 3 ou 6 années. Le contrat d'assurance sur la vie rentre dans cette catégorie.

La situation qu'il fait aux parties n'est donc pas anormale, puisqu'il est possible de lui trouver des analogies dans d'autres contrats. Comme elle est d'ailleurs conforme à la volonté des parties, tout en restant dans les limites qu'impose l'article 1134, alinéa 2 (on le verra plus loin), comme elle se concilie parfaitement avec le fonctionnement de l'assurance sur la vie, au développement de laquelle elle est intimement liée, il aurait fallu la consacrer, alors même qu'aucune des conventions actuellement connues n'aurait été susceptible de lui fournir une comparaison.

Mais cette explication est repoussée par la majorité des auteurs, notamment en France. Pour rendre compte de la situation ainsi faite aux parties contractantes par la règle du paiement facultatif, ils ont recours à une autre idée plus simple en apparence que celle que nous venons d'émettre, mais au fond plus compliquée et surtout moins exacte.

Ils soutiennent qu'il faut voir dans le contrat d'assurance — et ils prennent généralement comme exemple un contrat d'assurance vie entière en cas de décès — non pas un contrat unique, impliquant pour l'assuré la faculté de résiliation, mais une série de contrats d'assurance annuels; de telle façon que l'assuré, en ne payant pas la prime, ne met pas fin au contrat en cours, mais se borne simplement à ne pas le renouveler.

Cette théorie demande à être étudiée avec soin, non pas tant à cause de la valeur de ses arguments qu'à raison du nombre de ses partisans (1). Aussi allons-

____

(1) Elle est admise en France par la plupart des auteurs qui ont

nous d'abord examiner et apprécier les raisons sur lesquelles elle se base pour dire ensuite quels arguments nous entrainent à adopter la thèse adverse.

Voici d'abord l'exposé du système généralement admis. Quelle que soit la combinaison adoptée, le contrat d'assurance sur la vie est toujours un contrat annuel; il n'existe jamais que pour une année. Ainsi le contrat d'assurance vie entière n'est pas un contrat unique, mais il se décomposera, s'il est maintenu par l'assuré, en une série de contrats individuels, indépendants les uns des autres, d'une durée d'un an.

L'assureur et l'assuré ne sont liés réciproquement que pour ce court laps de temps. Pour les années suivantes, la compagnie n'a contracté qu'une série de promesses d'assurance, que l'on peut comparer aux promesses unilatérales de vendre.

Comme le vendeur, l'assureur, qui n'est d'ailleurs en définitive qu'un marchand d'assurances, a offert à l'assuré de continuer dans l'avenir à couvrir le risque, si les primes lui sont payées. L'assuré a accepté cette proposition et comme il y a eu concours de volontés la compagnie est liée ; ce n'est pas encore un contrat d'assurance, mais un contrat unilatéral.

écrit sur la matière. Voir notamment : Couteau, tome I, nos 116-118, 136 sv., 159-161, 433 sv. ; — Vermot : *Catéchisme de l'assurance sur la vie*, 1re partie, *passim;* — Deslandres, nos 24 sv. ; — Mornard, p. 139 ; — Dumaine, no 21 ; — Lefort, t. 1, p. 151, 180 et *passim ;* — Dupuich, note au Dalloz, *Rec. périod.* 92, 2, 154.

Le paiement de la prime constituera l'acceptation d'une de ces promesses d'assurance et à dater de ce moment cette promesse, contrat unilatéral, se transformera en un véritable contrat d'assurance, contrat synallagmatique, dans lequel l'une des parties, l'assuré, aura immédiatement rempli son obligation.

Il faut noter d'ailleurs que la plupart des partisans de cette théorie du contrat annuel, tout en admettant que l'assureur n'a pas le droit de refuser le maintien du contrat dans l'avenir, ne cherchent nullement à donner une base juridique à cet engagement conditionnel (en ce sens qu'il est subordonné au paiement des primes), dont ils le reconnaissent tenu. Ils se bornent à dire que le contrat se renouvellera chaque année par une sorte de « tacite reconduction » (1), sans chercher à trouver dans l'idée d'une promesse d'assurance un fondement juridique à cet engagement de l'assureur.

Mais, si tous n'ont pas solidement édifié leur opinion sur le terrain juridique, tous sont unanimes pour admettre que le contrat d'assurance sur la vie est un contrat essentiellement temporaire ; que l'on ne se trouve jamais en présence d'un contrat conclu pour une durée de 10 ans par exemple ou pour la vie entière, mais seulement d'une succession de contrats annuels. Si les deux parties envisagent lors de la conclusion du con-

----

(1) Cf. *Le Droit*, nº du 20 janvier 1891, sous un arrêt de la cour de Paris, du 14 novembre 1890.

trat une période plus longue, c'est uniquement pour
arriver à la fixation de la prime uniforme et pour indiquer les conditions du renouvellement de chaque contrat d'assurance, notamment pour dispenser l'assuré
d'une nouvelle visite médicale, pour éviter la rédaction
et les frais d'une nouvelle police, toutes formalités qu'il
faudrait logiquement répéter chaque année, puisqu'un
contrat nouveau se forme à chaque nouveau paiement
de prime.

Les arguments sur lesquels se fondent cette opinion
ne nous semblent nullement décisifs.

On dit en premier lieu : c'est la nature même des
choses qui veut que l'assurance ne se compose jamais
que d'une succession de contrats temporaires ; nul ne
voudrait s'engager, pour un long temps et peut-être
pour sa vie, à réaliser chaque année les économies que
nécessite le paiement des primes. On ajoute à cela que
la situation en vue de laquelle on a conclu l'assurance
peut changer. On reproduit, en un mot, les raisons que
nous avons données pour montrer la nécessité du paiement facultatif. D'où l'on déduit la nécessité du renouvellement annuel de l'assurance et du paiement facultatif.

Toutes ces raisons sont parfaitement exactes. Il est
indispensable que le paiement des primes soit facultatif. Mais il est faux d'en conclure que le contrat doit être
annuel. On peut imaginer en droit une autre solution
qui satisfasse aussi aux exigences légitimes de la prati-

que : c'est, nous l'avons dit, celle d'un contrat unique avec faculté de résiliation pour l'assuré ; on verra qu'elle se concilie mieux que la précédente avec le fonctionnement de l'assurance sur la vie et la volonté probable des parties.

On dit encore : l'assurance temporaire pour la durée d'un an est l'unité d'assurance en cas de décès ; l'assurance vie entière ne se compose, par suite, que d'une série d'assurances facultatives d'un an. Et l'on se fonde, pour émettre ce principe, sur le mode de formation des primes : nous avons vu, en effet, comment on calcule d'abord les primes d'une année, puis celles afférentes à chaque année pour arriver à la prime unique, d'où l'on déduit enfin la prime uniforme, adoptée à cause des inconvénients des deux autres modes de versements : prime croissante et prime unique.

Nous répondons : s'il était exact et utile de prendre comme base le calcul de la prime d'une assurance d'un an pour expliquer le mécanisme de la prime uniforme et de la réserve, il ne faut point faire franchir à cette idée son domaine pour lui faire produire des conséquences sur le terrain juridique (1). Lorsqu'une personne conclut un contrat d'assurance, elle ne s'inquiète pas du mode

______

(1) Nous ne serions pas éloignés de croire que cette notion de l'assurance temporaire d'un an, bien faite d'ailleurs pour faire saisir le système de formation des primes, a donné d'abord l'idée de la théorie que nous combattons ; puis, qu'une fois érigée en principe fondamental, elle a puissamment contribué à lui recruter des adhérents.

de formation de la prime ; elle l'ignore le plus souvent : elle n'envisage que le fait positif : c'est que le montant de la prime restera le même, tant qu'elle en poursuivra le versement.

On se prévaut, en troisième lieu, du caractère annuel des opérations d'assurance sur la vie : la comptabilité de la compagnie prouve qu'elles sont closes chaque année, puisqu'on établit avec soin tant le compte général de la mutualité que le compte particulier de chaque assuré.

Mais s'il est vrai que ces opérations sont annuelles, que les sinistres d'une année sont soldés avec les primes correspondantes, que la situation exacte du groupe et de tous les assurés est déterminée avec précision à la fin de chaque exercice, il ne faut pas en conclure que chaque contrat individuel se reforme chaque année. Les primes étant annuelles, il est naturel que les opérations d'assurances soient annuelles. Ces mesures s'imposent d'ailleurs à la compagnie d'assurances, comme à toute autre société commerciale, pour la régularité de ses comptes. Elles sont nécessitées de plus par l'adoption de la clause du paiement facultatif : puisque tout assuré est libre de rompre son contrat quand il lui plaît, il faut que son compte soit dressé avec exactitude à chacune des échéances, où cette éventualité est susceptible de se produire. Le caractère périodique de ces diverses opérations ayant donc sa raison d'être en dehors de toute idée de renouvellement annuel des contrats d'assurance, c'est à tort qu'on s'en est prévalu pour soutenir que tout contrat d'assurance sur la vie doit être annuel.

Le dernier argument est un argument d'analogie. La périodicité étant le caractère propre des autres contrats d'assurance, assurances contre l'incendie ou assurances maritimes par exemple, pourquoi, dit-on, en serait-il autrement du contrat d'assurance sur la vie?

L'objection n'a rien de décisif. Est-ce que le risque dans ces sortes d'assurances suit une progression croissante? Est-ce qu'on peut y suivre l'évolution d'un groupe jusqu'à son extinction complète? Est-ce qu'on peut y trouver quelque chose d'analogue à la prime uniforme et à la réserve? Assurément non. Or, s'il y a des différences aussi profondes entre ces deux catégories d'assurances, qu'y a-t-il d'étonnant à ce que la durée de leurs contrats respectifs ne soit pas semblable? Logiquement d'ailleurs il doit en être ainsi : puisque le mécanisme des unes, les assurances sur la vie, suppose que l'on a envisagé pour la fixation de la prime l'évolution d'un groupe de contrats à longue échéance, tandis qu'il n'a fallu considérer, pour fixer le chiffre de la prime des autres, que les risques courus durant une année, il est naturel de penser que les contrats d'assurance sur la vie seront des contrats à longue échéance, tandis que ceux des autres assurances n'auront que la courte durée d'un an.

Cette différence n'est pas, du reste, purement théorique ; elle se manifeste dans les termes mêmes des polices, qui révèlent la volonté divergente dans les deux cas des contractants. On insère fréquemment, en effet, dans les polices d'assurance contre l'incendie une clause de tacite reconduction en vertu de laquelle le contrat se renouvellera à l'échéance pour une période d'une durée égale le plus souvent à celle de la précédente. Dans les polices d'assurance sur la vie, on ne trouve rien de semblable ; il n'y est pas question de tacite reconduction, mais seulement de paiement facultatif, ce qui implicitement veut dire que le contrat ne se renouvelle pas chaque année, mais que le paiement de la prime continue à être dû à chaque nouvelle échance, sauf faculté pour l'assuré de le faire cesser à son gré.

Tels sont les arguments que l'on a fait valoir à l'appui de la notion du contrat annuel, se renouvelant à chaque échéance. Ils sont, à notre avis, loin d'être assez puissants pour convaincre. L'idée d'un contrat unique avec faculté de résiliation pour l'assuré nous semble bien supérieure ; elle est, en effet, conforme à la volonté probable des parties et elle ne donne pas lieu aux conséquences fâcheuses et aux invraisemblances que fait naître la précédente.

Elle doit se formuler ainsi : le contrat d'assurance sur la vie est un contrat unique, fait pour une durée quelconque, fixe s'il s'agit d'une assurance temporaire, indéterminée, au contraire, dans l'assurance vie entière.

Comme le bail, c'est un contrat dont les obligations

synallagmatiques ont une cause successive, c'est-à-dire se renouvelant chaque année ; le paiement de la prime est la cause de l'obligation de l'assureur pour l'année correspondante et inversement. Par conséquent, lorsque l'assuré cesse de payer la prime (et la convention lui réserve ce droit), l'obligation de l'assureur devient sans cause : il n'est plus tenu (argum. art. 1131 C. civ.). Pour les années pour lesquelles il n'a pas encore touché la prime, il n'est donc obligé que conditionnellement, sous la condition suspensive du paiement des primes.

Quant à la faculté de résiliation accordée à l'assuré seul, elle est insérée dans la police qui déclare que le paiement des primes est facultatif. L'assureur a donné par avance son consentement à cette résiliation, dont les effets et les conditions ont été prévus et réglés. Cette révocation de la convention a donc bien lieu par le consentement mutuel des contractants, comme le veut l'article 1134, alinéa 2 du Code civil ; seulement l'une des parties, par suite de raisons péremptoires (celles qui expliquent la nécessité du paiement facultatif), y a adhéré par avance (1).

On peut dire d'abord à l'appui de cette théorie qu'elle est conforme à la volonté des parties. Celui qui s'assure

---

(1) Au lieu de résiliation, on parle quelquefois de résolution. C'est à tort, d'après nous, car la résolution implique une idée de rétro-activité. Or, le contrat est maintenu dans le passé avec tous ses effets ; il est seulement anéanti pour l'avenir et c'est bien l'idée qu'exprime le mot résiliation.

pour la vie entière n'a pas l'intention de faire durer ce contrat pendant une seule année; il espère continuer le paiement des primes pendant toute son existence. Sinon, à quoi lui servirait cette assurance, puisqu'il ne serait pas arrivé au but qu'il s'était proposé : le paiement d'un capital à sa femme et à ses enfants ou à tout autre bénéficiaire? On peut faire le même raisonnement pour l'assurance temporaire : pourquoi aurait-il contracté une assurance pour cette durée, si son contrat ne devait durer qu'un an ?

On objectera peut-être : s'il l'a fait, c'est pour adopter la prime uniforme. A quoi nous répondons : en adoptant la prime uniforme à cause des inconvénients des autres modes de versement des primes, il manifeste encore sa volonté de faire un contrat d'une durée supérieure à un an, de s'engager pour un long temps. Pourquoi alors ne pas consacrer cette volonté? N'est-ce pas une solution plus naturelle que de supposer qu'il passe un nouveau contrat chaque année?

Comment d'ailleurs peut-on voir dans le contrat d'assurance sur la vie une série de contrats indépendants les uns des autres? N'ont-ils pas tous un lien intime dans cette réserve qui grossit chaque année et dont nous avons vu les fluctuations successives? Comment expliquera-t-on l'existence de la valeur de rachat? Il faudra alors supposer un report annuel du solde d'un contrat antérieur sur celui qui le suit. Mais supposer ce report indéfiniment répété, n'est-ce pas dire qu'il y a entre ces divers contrats un lien intime? N'est-ce pas dire qu'ils ne forment qu'un seul contrat ? Notre théorie est donc bien plus vraisemblable.

Examinons les termes des polices, qui sont l'expression de la volonté des parties contractantes. On lit en tête les mots : assurance pour la vie entière, assurance temporaire, assurance à terme fixe. Ce titre est déjà significatif et semble bien indiquer la nature du contrat conclu.

L'article 3 des conditions générales des polices est plus explicite encore (1); il parle de paiement facultatif, d'échéance, « la police ne continue à avoir d'effet que si la prime... a été acquittée à l'échéance » ; or, rien ne peut être échu si le contrat est anéanti, et tel est précisément le cas du contrat annuel.

Que signifie ce délai de 30 jours pour le paiement de la prime, l'envoi d'une lettre recommandée rappelant l'échéance, si le contrat a pris fin ? Pourquoi dire plus loin que ces formalités tiendront lieu de mise en demeure, si aucune obligation n'est encore née à la charge de l'assuré ? Si l'on adopte la thèse du contrat annuel, il faut, pour expliquer ces résultats, recourir à autant de subterfuges. Peut-on concevoir d'ailleurs qu'une personne puisse mettre en demeure une autre personne pour l'amener à contracter ? Ils sont logiques, au contraire, avec le système du contrat unique: puis-

(1) Il a déjà été cité : V. p. 51, en note.

que le contrat continue à courir, l'assuré reste toujours
tenu de payer la prime jusqu'à manifestation d'une volonté contraire, et l'article 3 déclare que, s'il ne répond
pas dans les délais convenus aux appels de la compagnie, il sera considéré comme ayant opté pour la résiliation.

Remarquons enfin que ce mot de *résiliation* est inséré dans cet article même, exprimant ainsi d'une façon évidente la volonté des contractants.

La théorie du contrat unique a encore l'avantage de
se concilier avec le système admis par la jurisprudence,
lorsque la prime n'est plus portable comme dans le
cas précédent, mais est devenue *quérable* à la suite de
l'habitude prise par la compagnie de faire toucher ses
primes à domicile. Elle exige, en effet, que dans ce
cas l'assureur mette régulièrement l'assuré en demeure
de payer ses primes, par exemple par une sommation
ou un commandement, avec déclaration que s'il ne les
acquitte pas, l'assurance sera tenue pour résiliée (1).

Cette théorie conduit encore à des solutions équi-
tables, si l'on envisage la question de capacité du contractant. L'opinion adverse entraîne nécessairement,
au contraire, à des résultats déplorables : si le contrat
se reforme au début de chaque exercice, l'assuré doit
toujours être capable à ce moment là de fournir un

____

(1) Cass. 22 avril 1879, Sirey, 80, 1, 101 ; Cass. 30 août 1880, S. 81,
1, 123.

consentement valable. S'il est devenu fou, s'il est atteint par une maladie grave qui l'empêche de discerner la portée de ses actes, l'assurance sera fatalement réduite au grand détriment de ceux en vue desquels elle avait été conclue. Le contrat est-il successif, le versement des primes pourra continuer, au contraire, à être opéré sans interruption, l'adhésion donnée jadis par l'assuré aujourd'hui incapable ayant suffi une fois pour toutes à donner l'existence au contrat. Et ses vœux les plus chers seront ainsi respectés.

La notion d'un contrat unique échappe de plus aux bizarreries et aux inconséquences, auxquelles entraîne l'idée d'un contrat annuel ; c'est un nouveau titre à son actif. N'est-il pas, en effet, quelque peu invraisemblable de supposer une promesse de l'assureur faite pour une période de 10, 20, 30, 50 ans par exemple et parfois plus longue encore ? N'est-il pas étrange que les contrats d'assurance, quelque soit la combinaison adoptée, aient toujours une durée identique ? Que l'on suppose, du reste, et l'hypothèse peut se réaliser, qu'un contrat d'assurance ait été conclu moyennant une prime unique ; il faudra bien se résoudre à ne voir là qu'un seul contrat. Est-il dès lors bien raisonnable de ne voir dans une assurance identique, mais dont la prime est uniforme, qu'une série de contrats et non pas un contrat unique ?

Les partisans de ce système sont obligés d'ailleurs pour l'édifier d'avoir recours à des échappatoires. Ils doivent supposer que l'assureur a dispensé son co-contractant de certaines formalités, qu'il aurait fallu logiquement renouveler tous les ans : visite médicale, rédaction d'une nouvelle police, etc. Or, ceci implique précisément une convention première, indépendante de la série des contrats annuels et les embrassant tous. N'est-il donc pas plus simple de ne voir dans le contrat d'assurance qu'un contrat unique ?

Cette solution rationnelle semble se trouver, du reste, implicitement dans tous les esprits, même chez les partisans de la théorie que nous critiquons. Ne voit-on pas, en effet, ces auteurs classer le paiement de la prime annuelle parmi les obligations de l'assuré et dire que le contrat d'assurance est résilié (ils devraient dire : abandonné) par la cessation du versement des primes ?

C'est pourquoi nous croyons pouvoir affirmer que l'idée du contrat unique avec faculté de résiliation pour l'assuré est destinée à supplanter celle du contrat annuel, bien qu'elle soit plus récente. Elle lui est supérieure parce qu'elle est plus simple, parce qu'elle ne conduit pas à des inconséquences, parce qu'elle se concilie mieux avec le fonctionnement de l'assurance moderne et enfin parce que, tout en donnant satisfaction aux intérêts des parties, elle est conforme à leur volonté (1).

(1) Cette doctrine a été soutenue, quoique d'une façon incomplète,

Ce point est donc pour nous bien établi : l'assuré, en cessant le paiement des primes, n'abandonne pas son contrat ; il le résilie.

Supposons maintenant qu'un assuré ou la personne, qui de son consentement (1) est chargée du service des primes, use de la faculté de résiliation que lui laisse la police, soit parce que l'assurance n'a plus sa raison d'être, soit parce que le prélèvement annuel des primes sur ses revenus lui occasionne une trop grande gène, soit pour toute autre raison. Il manifeste à la compagnie sa volonté de ne plus payer les primes d'une façon expresse par un refus catégorique ou d'une manière tacite : soit en ne répondant pas (2) à l'envoi de la lettre recommandée que lui aura adressé la compagnie dans les délais convenus, si la prime est portable, soit, si la prime a été stipulée ou est devenue quérable par les

par : Coulazou (*De la stipulation pour autrui dans l'assurance sur la vie*), p. 16 ; — Clos (*Des assurances sur la vie, de leur caractère et de leurs effets au point de vue des tiers bénéficiaires*), p. 26 ; — Bailly (*De la transmission du bénéfice du contrat*), nᵒˢ 19 et 70 ; — *Répertoire de droit français*, au mot Ass. sur la vie : nᵒˢ 200, 201, 851, 861 et suivants. — Vivante (*Il contratto di assicurazioni*), tome III, nᵒ 39.

(1) Dans la pratique actuelle en France, on exige toujours, pour l'existence ou le maintien du contrat d'assurance, le consentement du tiers sur la tête duquel l'assurance repose ; on verra plus loin quelle est pour nous la valeur de cette idée.

(2) Le délai accordé aux assurés par l'art. 3 des conditions générales des polices ne leur est pas laissé d'ailleurs uniquement pour manifester leur volonté, mais pour payer la prime.

agissements de l'assureur, en ne se libérant pas à la suite de la mise en demeure régulière que la compagnie lui aura fait signifier.

Quels vont être les effets de cette résiliation ? Ils sont réglés par les conditions générales des polices et donnent en général le droit à l'assuré de bénéficier de la plus grande part de sa réserve, sous certaines distinctions que l'on retrouvera plus loin.

Avant de les examiner, il importe d'élucider une question théorique fort importante qui les domine. Il s'agit de savoir quel est le droit de l'assuré sur la réserve des primes ? Est-il créancier de cette valeur et l'assureur devrait-il la lui restituer en dehors de toute convention ou bien n'a-t-il, au contraire, aucun droit sur elle ?

Le problème n'ayant d'ailleurs jamais soulevé de difficultés au point de vue pratique et n'étant guère susceptible d'en faire naître, car les polices règlent d'une façon très explicite le sort de cette réserve, nous n'y insisterons pas fort longtemps.

En théorie pure, si l'assureur n'avait mis à la résiliation du contrat d'assurance aucune condition, il faudrait dire que l'assuré est créancier de sa réserve des primes au moins dans une certaine mesure. En effet, cette réserve était destinée à couvrir une partie des risques futurs, contre lesquels l'assureur n'aura plus désormais à garantir son co-contractant, puisqu'il rompt son contrat. Elle devient disponible au point de vue du groupe qui, en la conservant, aurait quelque chose en trop dans ses réserves.

L'assuré en devient par suite créancier au moment de la résiliation et, en vertu de ce principe aussi vieux que l'humanité que nul ne peut s'enrichir injustement aux dépens d'autrui, il pourra agir contre l'assureur, s'il ne s'éxécute pas de bon gré, par une *condictio causa data causa non secuta* jusqu'à concurrence de son enrichissement illégitime. Telle serait la solution logique.

On nous objectera peut-être : il est faux de dire que l'assuré aurait un droit de créance sur sa réserve en dehors de toute convention précisant ses droits sur elle, car, s'il en était ainsi, sa réserve devrait revenir à sa mort à ses héritiers ; or, il n'en est rien ; ils ne toucheront que l'indemnité stipulée.

Mais le raisonnement ne porterait pas et voici pourquoi. Tandis qu'on envisage ici le cas de réalisation du risque, nous supposions tout à l'heure l'hypothèse de la résiliation. Or, la solution doit différer dans les deux cas : l'assuré est créancier de sa réserve, s'il résilie ; s'il meurt, il ne doit y avoir aucun droit.

Voici l'explication de ce résultat qui pourrait paraître étrange. Nous avons dit, en montrant l'évolution de la réserve individuelle, qu'elle devait aller grossir, au moment du décès de son titulaire, celles des survivants ; sinon, qu'on arriverait à ce résultat inique qu'il serait impossible de former les indemnités des derniers survivants, car leurs réserves, si elles n'étaient pas accrues par le partage des réserves de leurs co-assurés morts, se consommeraient très rapidement dans la 2ᵉ période. Cette distribution annuelle entre les survivants des sommes portées au compte des membres décédés est donc une nécessité de l'association. C'est une conséquence forcée de la mutualité ; tout assuré doit la subir. S'il en était autrement, l'assurance, telle qu'on la pratique aujourd'hui, ne pourrait pas fonctionner. En concluant son contrat d'assurance, l'assuré se soumet à cette exigence ; il bénéficie de l'association, il est juste qu'il obéisse aux lois qu'elle impose. Or, dans le cas présent, l'événement qui donne ouverture au paiement du capital assuré, s'est réalisé en sa personne : l'indemnité payée à ses bénéficiaires a été formée à l'aide des primes de ses co-assurés et peut-être (si l'on est dans la 2ᵉ période) avec un prélèvement sur leurs réserves. Il est donc juste que sa réserve serve plus tard à former les indemnités de ses co-associés encore survivants. La réserve est une valeur qui appartient à la mutualité ; elle ne peut la céder à l'un de ses membres que si elle ne lui est pas nécessaire à son fonctionnement.

Or, c'est précisément ce qui se produit, si l'assuré résilie son contrat ; elle devient disponible pour la mutualité. Que l'on imagine, en effet, que tous les membres du groupe résilient en même temps leurs contrats ; la mutualité se trouvera en possession de toutes leurs réserves, qui sont désormais inutiles entre ses mains ; elle devra donc les leur distribuer. Si un seul des assurés se retire, il devient donc créancier de sa réserve totale (en théorie du moins), car elle devient inutile à l'association. Il n'a pas touché une indemnité formée à l'aide des primes de ses co-assurés ; sa réserve ne doit donc pas nécessairement aider à constituer les capitaux à verser dans l'avenir. C'est un membre qui quitte l'association ; ses co-associés doivent lui rendre ce qu'il a payé par avance. Il a profité pendant un certain temps des avantages de la mutualité ; c'est vrai ; mais aussi pour prix de la garantie qui lui a été fournie, il lui laisse le montant de ses primes d'assurances temporaires d'un an, qui ont contribué à solder les sinistres déjà survenus. L'assuré qui résilie a donc droit à sa réserve.

Une dernière remarque nous permettra de fixer d'une façon définitive la question de la propriété de la réserve.

Il arrive fréquemment que les compagnies, en vertu d'une clause des polices, avancent à un assuré besogneux une certaine somme, calculée d'après le chiffre de sa réserve. Il ne faudrait pas en conclure que la réserve appartient à l'assuré, tant que le contrat est en cours. C'est la solution inverse qu'il faut, au contraire, en déduire, car c'est un prêt (c'est le terme même des polices) que les compagnies réalisent ainsi. L'assuré n'est qu'un emprunteur. Comment d'ailleurs pourrait-il en être autrement, puisque l'assureur ne sait pas encore si le contrat sera résilié ou s'il arrivera à échéance ? Or, dans ce dernier cas, la réserve tout entière de l'assuré lui sera nécessaire pour entretenir la réserve totale du groupe ; il la complétera jusqu'à concurrence de la valeur versée par anticipation, par une retenue sur le capital assuré ; ce n'est donc qu'un prêt qu'il a consenti. Au cas de résiliation, il tiendrait également compte d'ailleurs de l'avance faite, en ne versant à l'assuré qu'une somme inférieure à celle qu'il lui aurait payé, s'il n'y avait pas eu prêt.

De toutes ces considérations, nous pouvons conclure : la réserve est une valeur nécessaire au fonctionnement de la mutualité ; tant que le contrat d'assurance est maintenu, elle appartient à l'assureur, le représentant de cette collectivité fictive.

La prime toute entière, prime temporaire et portion à mettre en réserve, a été aliénée par l'assuré. S'il faut la décomposer pour montrer le fonctionnement de la réserve, il n'en est pas moins vrai qu'au point de vue juridique, elle est *indécomposable*. On ne peut pas dire que l'assureur détient sans cause une partie des primes de chaque assuré, qu'au point de vue individuel il y a eu anticipation des primes. Non. Cette idée d'anticipation n'est exacte qu'au point de vue du groupe ; la réserve est une mesure intérieure nécessaire pour l'existence de la mutualité. Elle provient de la manière dont l'assureur a calculé ses primes ; il n'a pas calculé chaque risque annuel pour en faire ensuite le total et déterminer la prime uniforme : il a fait la somme de ce qu'il aurait à payer chaque année pour le groupe jusqu'à son extinction complète et il a dit en conséquence à tout individu qui est venu se présenter pour faire partie du groupe : « vous devrez payer chaque année telle prime, si vous voulez en être membre. » Et le contrat a été conclu moyennant une prime annuelle, fixe, indécomposable. En retour, l'assureur s'est engagé à lui verser l'indemnité au cas de réalisation du risque. Rien de plus. La prime est totalement aliénée ; l'existence de la réserve est censée être inconnue de l'assuré.

Si, à la fin de chaque exercice, l'assureur établit le compte particulier de tous les survivants du groupe, ce n'est pas parce qu'il veut leur reconnaître un droit sur leur part de réserve, c'est seulement pour se rendre compte exactement de sa situation vis-à-vis de la mutualité et de chacun de ses membres ; c'est uniquement pour savoir avec précision s'il sera en mesure de faire face aux éventualités de l'avenir et si ses prévisions se sont vérifiées.

L'assuré ne peut prétendre à aucun droit sur la réserve portée à son compte, en vertu de la nature même du contrat d'assurance. On a vu, du reste, qu'elle n'est pas formée uniquement par les excédents de primes qu'il a versés, mais en grande partie par le partage des réserves de ses co-associés morts. Réserve du groupe, réserve individuelle, ce sont autant de mesures inté-

rieures des compagnies, destinées à assurer la formation successive des capitaux qui viendront à échéance,
et nécessaires pour le développement de l'assurance
sur la vie, qui n'aurait pu fonctionner que d'une façon
imparfaite avec les primes croissantes.

En un mot, il ne faut considérer l'évolution de la réserve et l'anticipation des primes qu'au point de vue
technique. Ce sont des phénomènes sans importance au
point de vue juridique, tant que le contrat vit encore.

Le contrat d'assurance sur la vie est un contrat unique, successif et synallagmatique. L'acquittement de la
prime n'est que la contre-partie exacte de l'obligation
de verser à l'échance le capital convenu, que l'assureur
a assumée.

Ce n'est pas en vertu du contrat d'assurance lui-même que l'assuré peut prétendre un droit sur sa réserve ;
tant que le contrat est en cours, il n'a aucun droit sur
elle. Il n'en acquiert un que par la résiliation même,
parce qu'elle devient alors inutile à la mutualité. C'est
un droit fondé sur l'équité.

Voilà la théorie pure ; la pratique diffère un peu,
mais ces principes restent intacts.

Pratiquement, en effet, il n'arrive jamais qu'un assuré
sur la vie touche au cas de résiliation la valeur intégrale
de sa réserve. Elle ne lui sera versée que sous déduction
d'une certaine retenue et même, dans certains cas, aucune restitution n'aura lieu. Ce sont les conditions fixées
dans toutes les polices.

Il ne faut point voir d'ailleurs dans ces mesures une spoliation. Il est impossible pour des raisons qui seront exposées plus loin que les compagnies restituent la réserve entière.

C'est un droit pour les compagnies de mettre à la résiliation les conditions qu'elles jugent utiles. Elles ont accordé aux assurés la faculté de résilier ; elles n'y étaient point tenues. Elles étaient donc libres de préciser les limites dans lesquelles elles entendaient consentir la rupture du contrat. La résiliation est une convention.

Il n'y a pas à craindre d'ailleurs que l'assureur profite de cette situation pour faire aux assurés des conditions trop dures, qui seraient illégitimes, car le désir d'avoir le plus nombre possible de clients, d'une part, et la concurrence, d'autre part, le poussent à ne pas dépasser de sages limites.

En résumé, un droit de créance qui trouve sa base dans l'équité naît de l'exercice de résiliation (1). Mais comme cette résiliation n'est possible que grâce à une concession de l'assureur, l'étendue de ce droit sera déterminée par lui ; en pratique, elle sera toujours fixée d'une façon raisonnable. C'est une sorte de liquidation du contrat d'assurance.

(1) Le droit de l'assuré à la restitution d'une partie de sa réserve est consacré, sauf modifications de détail, par la grande majorité des assureurs de tous les pays. Cette entente internationale est une excellente confirmation du bien-fondé de ce droit ; une mesure n'est aussi universellement adoptée que si elle est conforme à l'équité.

Comment les parties vont-elles procéder à cette opération ? En général, deux partis sont offerts à l'assuré.

S'il laisse entre les mains de la compagnie, le solde de sa réserve, il aura droit à une assurance réduite subordonnée aux mêmes conditions que l'assurance primitive, la somme à laquelle il avait droit servant de prime unique à cette nouvelle assurance. Cette opération est connue sous le nom de *réduction*.

S'il préfère, au contraire, retirer immédiatement cette valeur, il procède au *rachat* du contrat. C'est le deuxième parti qui lui est offert ; mais il n'y a pas droit dans toutes les combinaisons d'assurances.

Tels sont les deux termes de l'option accordée à l'assuré. Mais il arrivera fréquemment qu'il n'exercera pas son choix ; il se bornera à ne pas continuer le paiement des primes. Dans ce cas, c'est la réduction qui aura lieu de plein droit.

Aucun doute n'est possible. Il est vrai qu'en dehors de toute décision des parties sur ce point, c'est le rachat qui aurait lieu de plein droit, comme étant la restitution pure et simple de la réserve. Mais tel n'est point le cas ; les parties ont formellement exprimé une intention contraire.

Voici les termes des polices (1), expression de la volonté des contractants ; ils sont explicites :

---

(1) Pour une assurance vie entière. On verra plus loin ceux des autres combinaisons les plus importantes.

Art. 4. — La police est annulée, et les primes payées sont acquises à la compagnie, si les trois premières primes annuelles n'ont pas été intégralement acquittées.

L'assurance est réduite conformément au tableau imprimé au dos du présent contrat, si les trois premières primes annuelles au moins ont été intégralement payées. La somme réduite reste payable au décès de l'assuré.

Art. 11. — La compagnie rachète, à la demande des intéressés, les polices sur lesquelles les trois premières primes annuelles au moins ont été acquittées. Le prix de rachat est déterminé d'après les bases adoptées par décision du Conseil d'administration et en vigueur au jour de la demande de rachat.

Il résulte clairement de ces deux articles qu'il faut une demande pour le rachat et que la réduction a lieu, au contraire, indépendamment de toute manifestation expresse de volonté.

Cette solution est d'ailleurs logique. La cessation du paiement des primes, dont la cause est souvent une diminution de l'aisance de l'assuré, n'implique pas nécessairement révocation du bénéfice de l'assurance ; il est naturel de supposer que l'assuré veut maintenir, puisqu'il ne dit rien, l'état de choses antérieur. Il n'est pas lié, du reste, par la constitution d'une assurance réduite ; il pourra la résilier à tout moment et exercer le rachat de cette nouvelle assurance.

D'un autre côté, les compagnies offrent, de préférence, les réductions aux rachats, car elles leur sont moins préjudiciables ; elles n'exigent pas, comme ceux-ci, un détournement immédiat de fonds.

On peut noter enfin que dans plusieurs combinaisons d'assurances, la réduction est seule possible : le rachat n'est pas autorisé ; on verra plus loin l'explication de cette différence.

Les parties ont donc changé en fait la solution qu'il aurait fallu donner en droit en dehors de toute entente sur ce point. L'interprétation de leur volonté est certaine. La pratique décide d'ailleurs tous les jours dans ce sens (1).

Nous allons aborder maintenant l'étude détaillée de ces deux modes de liquidation du contrat d'assurance offerts à l'assuré et dont la base commune est la réserve, en commençant par la réduction, puisque c'est cette combinaison qui s'opère de plein droit.

(1) Trib. civil Seine ; 10 avril 1894, *Journ. des assur.* 1895, 62 ; *Rec. périod. des assur.* 1894, 715.

CHAPITRE III

DE LA RÉDUCTION ET DU RACHAT

—

La *réduction* est un contrat nouveau, dont les bases ont été fixées dans la convention de résiliation, en vertu duquel l'assureur reste tenu de payer à l'échéance au bénéficiaire désigné dans la police primitive un capital ou une rente, dont on détermine le montant en considérant que la réserve disponible fonctionne comme prime unique de cette nouvelle assurance.

Voici à quelles conditions elle est soumise en pratique (1).

Il faut (art. 4 des polices) que les trois premières primes au moins aient été acquittées. Cette exigence des compagnies s'explique : cette somme leur est nécessaire pour se couvrir des frais que le contrat d'assurance leur a occasionnés ; elles comptaient continuer à les prélever chaque année sur les primes futures ; le contrat étant rompu, il est nécessaire, pour qu'elles ne

(1) Nous supposons toujours qu'il s'agit d'une assurance en cas de décès vie entière ; nous parlerons plus loin de la réduction des autres assurances.

subissent pas de perte de ce chef, qu'elles s'indemnisent sur la réserve.

Mais dès qu'il a versé trois primes, l'assuré a le droit d'utiliser sa réserve comme prime unique d'une assurance réduite. Cette valeur, qui grandit en raison du nombre des primes payées, sert de base pour calculer d'après le tarif le montant du capital assuré de ce nouveau contrat. On suppose que l'assuré a versé une prime unique égale à cette valeur (1) et on cherche, étant donné son âge, à quelle indemnité elle lui donne droit.

Cette prime unique, comme toute prime d'assurance sur la vie, se décompose d'ailleurs en deux parties : la prime pure destinée à couvrir le risque et le chargement, qui a pour but d'indemniser l'assureur de ses frais et de lui procurer un bénéfice.

La réduction a lieu au moment où l'assuré a cessé ses paiements, à moins qu'il n'ait demandé le rachat ; elle s'opère, en effet, nous l'avons dit, de plein droit.

C'est un contrat qui a été prévu pour le cas de résiliation. Les parties y ont donné leur consentement par avance lors de la conclusion du contrat primitif ; l'assuré seul a conservé le droit de se dédire au dernier moment. C'est une condition purement potestative de sa

---

(1) Ce n'est pas la réserve toute entière qui sert de base au calcul de l'assurance réduite. Elle est diminuée d'une certaine quantité pour amortir les frais initiaux du contrat primitif. Ainsi restreinte, elle est qualifiée de *valeur de réduction théorique*. Un tableau inséré à la fin des polices en indique le montant.

part, mais elle ne rend pas le contrat nul, puisqu'au moment où il pourra naître comme ayant un objet, ce n'est pas l'assuré qui sera obligé (art. 1174 C. civ.) ; son obligation aura été exécutée par avance ; il n'aura plus rien à verser à la compagnie.

Mais les bases de l'ancien contrat sont maintenues : l'assureur, l'assuré, le bénéficiaire restent les mêmes ; le capital réduit reste payable à la même époque. Aussi pourrait-on être porté à croire que la réduction n'est pas un contrat nouveau, mais seulement une transformation du contrat primitif; les expressions contrat réduit, réduction, pourraient confirmer en outre dans cette opinion. Ce serait une erreur. Le contrat primitif d'assurance est éteint par la résiliation ; on se trouve en présence d'un contrat nouveau.

Il n'existe, il est vrai, que parce qu'il y a eu un contrat antérieur, mais il n'en est pas moins distinct. Il n'y a pas à proprement parler novation, c'est-à-dire substitution immédiate d'une nouvelle dette à une ancienne dans un rapport de cause à effet. Entre les deux contrats se place une opération intermédiaire, la résiliation. Le contrat primitif est résilié, éteint pour l'avenir. L'assuré a, par le fait de cette résiliation, droit à une certaine valeur. La réduction est un moyen de l'employer.

Tels sont les éléments successifs que découvre l'analyse dans cette opération, simple en apparence, la réduction. Il n'y a réduction que parce qu'il y a résilia-

tion et puisqu'il y a résiliation, il y a contrat nouveau ;
ce sont des idées inséparables. Le contrat d'assurance
sur la vie ne se compose pas d'une assurance ordinaire
et d'une assurance réduite qui fonctionnera à défaut de
l'autre ; c'est un contrat homogène, dont l'objet est un.
La réduction n'est pas une de ses transformations ; elle
ne naît que de son extinction.

Ce contrat nouveau diffère d'ailleurs profondément
de l'ancien : le capital stipulé est beaucoup moins important que l'indemnité primitive et l'assuré n'est plus
tenu de l'obligation de verser chaque année des primes.

C'est un contrat dont les bases ont été posées par
avance, parce que les parties ont voulu que la réserve
ait cet emploi immédiat au cas de résiliation en l'ab-
sence de toute manifestation de volonté et parce que
l'assureur a estimé qu'il était utile de dispenser l'assuré
des ennuis d'une nouvelle visite médicale et de l'obligation de faire de nouvelles déclarations. Que l'on suppose un instant (et l'hypothèse est plausible) que les
polices ne parlent pas de réduction ; il est évident que,
si l'assurance est résiliée, il n'y aura pas lieu à réduction, mais seulement à restitution pure et simple à l'assuré de la réserve disponible. Pour que l'assuré ait
droit désormais à une assurance réduite, une nouvelle
convention serait nécessaire. En réalité, c'est précisément ce qui a lieu ; un nouveau contrat est conclu (1) ;

(1) La jurisprudence paraît être en ce sens : Trib. civ. Seine, 2 juil-

mais les parties, par prévoyance, ont arrêté par avance ses conditions.

Les expressions : réduction, contrat réduit, sont donc inexactes ; il ne faut point attacher d'importance à leur sens apparent ; elles ont été créées en dehors de toute préoccupation juridique.

Cette interprétation est d'ailleurs entièrement conforme à la volonté des parties : il est dit dans les polices (art. 3) qu'en cas de cessation de paiement des primes, l'assurance est de plein droit résiliée.

La question a-t-elle un intérêt? Le voici. Si la réduction n'était qu'une transformation du contrat primitif, il pourrait arriver que ce contrat revive, qu'il soit repris ; il n'aurait disparu que momentanément. C'est ce qui se produirait toutes les fois que l'assuré, après avoir abandonné, par suite d'une gène passagère, le paiement des primes, désirerait être assuré de nouveau dans les mêmes conditions qu'autrefois. Le contrat primitif étant éteint, ce résultat est irréalisable ; il ne peut être désormais question que de contracter une assurance nouvelle. L'ancien assuré devra donc adresser à la compagnie une nouvelle proposition, subir une seconde visite médicale, renouveler ses déclarations ; une autre police sera rédigée.

Cette manière de procéder ne lui est d'ailleurs guère

Ici 1889 ; *Rec. périod. des assur.* 1889, 133 ; *Journ. des assur.* 1889, 510 ; *Pandect. franç. périod.* 90, 2, 78. — Voir pourtant : Cass., 19 juillet 1881, S. 83, 1, 407 ; D. P. 83, 1, 40.

préjudiciable, car il sera ainsi dispensé de payer avec intérèts à 4 0/0 les primes échues correspondant à une époque pendant laquelle il n'aurait pas bénéficié de l'assurance, si le risque s'était réalisé. Il suffira qu'il paye désormais les primes nécessaires pour lui garantir, étant donné son àge, une indemnité égale à l'ancienne, sous déduction du montant du capital réduit.

C'est ainsi que les choses se passent en pratique (1). L'assureur considère que l'assuré, dans ce cas, lui fait une nouvelle proposition, au mème titre que si, titulaire d'un premier contrat d'assurance, il demandait à en souscrire un second. C'est encore une preuve que, dans l'intention des parties, la réduction n'est pas une transformation du contrat primitif, mais un contrat nouveau.

Le *rachat* est le deuxième terme de l'option accordée par les compagnies aux assurés pour l'utilisation de leurs réserves. Comme la réduction, c'est un contrat nouveau, mais à la différence de cette dernière, il mettra fin d'une façon absolue aux rapports de l'assureur et de l'assuré. C'est un règlement de comptes définitif ; l'assuré touchera la somme qui lui est due ; elle est désignée sous le nom de valeur de rachat.

C'est à tort que nous avons dit qu'il y a contrat nouveau ; pour parler d'une façon plus précise, le langage juridique, il faut dire qu'ici il y a *convention* nouvelle.

______

(1) Cf. Trib. civ. Seine, 2 mars 1896. *Journ. des ass.* 96, 142.

Le contrat n'est qu'une espèce de convention destinée à
former un engagement (1) ; c'est bien le cas de la réduction qui crée de nouveaux rapports entre les deux
parties, mais non celui du rachat, qui a pour résultat
la cessation de tous rapports entre elles : il faut donc le
qualifier seulement de convention.

Son objet, c'est une liquidation amiable, le remboursement à l'assuré du solde créditeur porté à son compte.
L'assureur y a donné son consentement par avance,
sauf à en préciser plus tard les conditions exactes.
L'assuré, lui, n'y a pas encore adhéré ; il formulera,
s'il lui plaît, son assentiment plus tard, sous la forme
d'une demande à la compagnie (2). Le rachat ne se
réalise pas, en effet, de plein droit, comme la réduction,
par le seul fait du silence de l'intéressé après cessation
du paiement des primes.

C'est une convention nouvelle en ce sens que le contrat primitif a été éteint par le seul fait du non paiement des primes dans les délais voulus ; la résiliation
de cet ancien contrat est indépendante de l'exercice du
rachat.

Aussi est-ce à tort qu'on emploie l'expression « ra-

______

(1) Cf. Pothier : *Traité des obligations*, n° 3.

(2) Il faut donc que l'assuré soit capable de consentir valablement
au rachat ; si, lors de la cessation du paiement des primes, il se trou-
vait en état de démence et que la preuve de ce fait soit établie, le
contrat pourrait n'être pas résilié. — Chambéry, 1er février 1892, D.
P. 93, 2, 357.

chat », qu'on dit que la compagnie « rachète son contrat ». Le contrat d'assurance est éteint en dehors de
toute restitution de la réserve ; l'assureur n'a donc rien
à racheter. Il rembourse seulement une somme qu'il a
promis, dans une convention antérieure, de restituer ;
il se libère de cet engagement ; c'est en ce sens seulement qu'on pourrait dire qu'il y a rachat.

Mais le sens dans lequel on emploie ce terme est de
nature à faire naître des idées fausses, à faire croire
aux assurés qu'ils toucheront la plus grande partie de
de leurs primes, alors qu'en réalité la valeur de rachat
n'en est qu'une portion minime. Il est fâcheux que
cette expression soit consacrée par l'usage.

Les conditions auxquelles les compagnies soumettent
le rachat sont, sauf quelques points de détail, sensible-
mement uniformes. Elles sont fondées sur les deux considérations suivantes, raisonnables comme on va le voir :
d'une part, il est nécessaire que l'assureur exerce sur la
réserve de celui qui rachète un prélèvement, et, d'autre
part, le montant de la valeur de rachat ne peut être déterminé toujours à l'avance d'une façon mathématique.

Et d'abord, un prélèvement est nécessaire. Le contrat
d'assurance, qui est arrêté par la résiliation, a occa-
sionné des frais à l'assureur. Ils devaient être répartis
sur toute la durée probable du contrat ; par le fait de la
volonté de l'assuré, ils ne peuvent plus l'être ; il est
donc légitime que leur équivalent soit déduit de la réserve à restituer.

Ces frais sont de deux sortes : frais généraux, consistant notamment en dépenses d'administration, d'organisation, de publicité, de gestion des capitaux engagés dans l'entreprise ; et frais spéciaux, occasionnés par la conclusion du contrat lui-même et proportionnels à son importance : visite du médecin et surtout commission à l'agent intermédiaire.

La compagnie, pour éviter un dommage, doit donc retenir une portion de la réserve. Elle ne peut pas songer à s'indemniser sur le fonds total des réserves du groupe ; on sait qu'il doit rester intact ; l'assuré, qui quitte la mutualité, ne doit pas causer préjudice à ses co-associés.

L'indemnité, ainsi prélevée sur la réserve, décroîtra d'ailleurs proportionnellement à la durée de la police, les frais étant échelonnés sur toute sa durée normale ; si 15 primes ont été payées lors de la résiliation, la compagnie aura été remboursée d'une plus grande partie de ses dépenses que si 5 primes seulement ont été versées ; et la différence s'accentuera d'autant plus que la réserve augmente à mesure que l'assuré avance en âge. Ce qui se traduit en pratique par les résultats suivants : tant que 2 primes seulement ont été payées, le contrat résilié ne donne droit à aucune valeur de rachat ; la réserve est totalement absorbée ; d'autre part, le tant pour cent prélevé sur la réserve sera plus élevé pour les premiers contrats donnant droit à une valeur de rachat, que pour ceux qui ont eu une existence plus longue (1).

Le prélèvement par les compagnies sur les réserves des contrats rachetés est nécessaire encore à un autre point de vue. Dans l'assurance en cas de décès (la seule dont nous nous occupions encore), ce sont les assurés jeunes, robustes, qui rachètent, ceux qui auraient payé probablement à la compagnie un grand nombre de primes ; ils se retirent, car ils pensent que l'assurance ne leur est pas avantageuse. Les assurés mal portants, au contraire, dont la santé est plus ou moins atteinte, se garderont bien de racheter ; ils feront un effort pour payer leurs primes, emprunteront au besoin, car ils prévoient que leur contrat arrivera bientôt à échéance.

Ainsi, ce sont les *bons risques* qui disparaissent ; les autres en général ne rachètent guère. Le résultat de cette observation, que l'expérience a enregistrée (2) et qu'elle relève tous les jours, c'est que la mortalité du groupe considéré augmente et suit une progression plus rapide que celle indiquée par la table. On qualifie ce mouvement d'*anti-sélection naturelle*, par opposition à la sélection médicale dont l'influence s'est faite sentir lors de la conclusion du contrat par suite de la visite

----

(1) Ce dernier procédé n'est pas employé, pourtant, dans toutes les compagnies ; certaines ont adopté un pourcentage fixe. Cf. note page suivante.

(2) V. Dormoy : *Théorie mathématique des assur. sur la vie*, tome I, p. 81.

médicale qu'a dû subir chaque contractant. L'assureur a de ce chef droit à une compensation ; il l'exercera sous forme de retenue sur la réserve.

Il faut remarquer d'ailleurs que c'est seulement à l'égard du groupe qu'on peut dire que, les rachats sont une mauvaise affaire. Il est possible que, dans un cas déterminé, l'assureur réalise une bonne affaire ; c'est ce qui arrivera si le résiliant meurt peu de temps après l'exercice du rachat. Mais, comme à ce moment il ignore encore l'avenir et comme d'un autre côté, il sait que les rachats dans leur ensemble lui causent une perte, il est juste qu'il s'indemnise de ce chef sur la réserve.

On pourrait dire enfin, pour expliquer le prélèvement sur la réserve (mais cette raison paraîtra superflue après les autres) que, si cette retenue n'avait pas lieu, on favoriserait ainsi la fraude qui consiste à résilier son contrat d'assurance pour traiter avec une autre compagnie et toucher une certaine somme sans cesser d'être assuré. Or, cette guerre de reprises entre compagnies rivales serait très préjudiciable à l'institution de l'assurance sur la vie.

La retenue sur la réserve est donc bien justifiée (1). Mais cela ne suffit pas : il ne faut pas en outre que son chiffre soit déterminé à l'avance d'une façon absolue pour tous les cas. Dans l'intérêt de l'assureur et par

____

(1) Dans plusieurs compagnies, le taux de rachat est fixé, quelle qu'ait été la durée du contrat, à 85 0/0 de la valeur de réduction théorique, sauf faculté de l'élever dans un moment de crise.

contre-coup dans celui des assurés, il est essentiel que la compagnie conserve pour sa fixation une certaine liberté d'action, qu'elle se réserve d'établir son quantum suivant les circonstances. Cette mesure trouve sa raison d'être dans les considérations suivantes :

Le nombre croissant des rachats peut devenir un danger pour les compagnies ; il importe donc qu'elles puissent à un moment donné les enrayer en rendant leurs conditions plus onéreuses. En présence d'une crise financière, provoquée par une guerre par exemple, alors que les fonds publics auraient baissé peut-être de 50 0/0, elles seraient assaillies de demandes de rachat, parce que les assurés, non seulement ne voudraient plus continuer le paiement devenu trop lourd de leurs primes, mais voudraient toucher immédiatement une ressource disponible, dont le prix aurait doublé par suite de la baisse des autres valeurs. Les compagnies seraient obligées de débourser ainsi des sommes considérables en fort peu de temps. Leur crédit serait atteint par suite de ces retraits successifs, ce qui déterminerait les derniers assurés fidèles à leur demander aussi le montant de leurs réserves. Aucune compagnie ne pourrait faire face à une pareille situation et sa ruine serait d'autant plus rapide qu'elle serait obligée, pour faire face à ces paiements répétés, de vendre à vil prix les valeurs composant ses réserves et notamment ses valeurs mobilières.

Il est donc nécessaire que les compagnies, tant pour

leur sécurité propre que pour celle de leurs clients, conservent une certaine élasticité dans la fixation des valeurs de rachat, de manière à en restreindre le nombre à un moment donné par l'exercice d'une retenue plus considérable qu'en temps normal sur la réserve.

Les conditions mises au rachat : retenue d'une portion de la réserve, pouvoir arbitraire dans une certaine mesure des compagnies pour la fixation de cette valeur, ont donc leur raison d'être. Il n'y a pas là une spoliation de la part des assureurs, mais une mesure sage et prudente mise à la base des résiliations.

On a vu plus haut (1) comment sont conçues en général sur ce point les polices des compagnies françaises.

Dans les polices des compagnies anglaises (2), on lit une clause analogue. Certaines compagnies allemandes semblent, au contraire, fixer la valeur de rachat d'une manière plus précise (3). Mais dans tous les cas, la réserve est l'objet d'un prélèvement et l'on retrouve for-

(1) Voir page 81, les termes de l'article 11 des polices. Il était complété autrefois par un dernier paragraphe ainsi conçu : « ce prix n'est pas moindre de vingt-cinq pour cent de la totalité des primes payées sans addition d'intérêts ». On a jugé que cette clause, imposant au Conseil d'administration un minimum au-dessous duquel il ne pouvait jamais descendre, était de nature à causer préjudice dans certains cas aux compagnies et on l'a supprimée.

(2) Chaufton : *Les assurances : leur passé, leur présent, leur avenir*, t. II, p. 304.

(3) Lefort, t. III, p. 28, note 2.

mulée dans toutes les polices des compagnies à prime fixe la clause en vertu de laquelle l'assuré n'a droit à une valeur de rachat, que s'il a versé au moins trois primes.

En résumé, voici les règles qui sont à la base de l'exercice du rachat : trois primes annuelles au moins ont dû être acquittées ; la réserve ne sera pas restituée toute entière, mais seulement sous déduction d'une certaine retenue, dont la quotité ne sera déterminée dans certains cas d'une façon précise que postérieurement à la conclusion du contrat ; le rachat enfin n'aura lieu que sur une demande formelle de l'assuré à la compagnie (1).

Relevons sur ces deux derniers points une différence avec la réduction. Elle opère *ipso facto* et son quantum est fixé à l'avance d'une façon précise. En outre, le prélèvement exercé dans ce cas est inférieur à celui exercé au cas de rachat. Cette différence provient notamment de ce que, quand il y a réduction, l'assureur, outre qu'il n'a pas à subir un déplacement immédiat de fonds, pourra continuer à prélever chaque année sur

---

(1) Les rachats ne constituent pas pour les compagnies une opération avantageuse. Le bénéfice moyen que l'assureur réalise sur une assurance rachetée est bien inférieur à celui qu'il réaliserait, si l'assurance suivait son cours normal. « Racheter ses contrats en cours, c'est pour une compagnie manger son blé en herbe. » Dormoy, t. II, nos 302 et suivants. Cet auteur démontre aussi à l'aide de tableaux l'exactitude de la proposition que nous venons d'avancer.

l'assurance réduite une certaine indemnité pour ses frais et bénéfices, tandis qu'il ne le pourra pas en cas de rachat, tout rapport ayant cessé désormais entre lui et l'assuré.

Mais ces deux combinaisons ont ce point commun : elles ne sont ouvertes à l'assuré que si trois primes au moins ont été payées; sinon, la résiliation s'opérerait sans aucune restitution.

Il faut mentionner, pour compléter cette étude sur les effets de la résiliation du contrat d'assurance, le procédé employé par certaines compagnies américaines et connu sous le nom de système de l'*accumulation des bénéfices*.

L'assuré qui résilie n'a droit à aucune valeur ni de réduction, ni de rachat, s'il cesse le paiement de ses primes avant l'expiration de la période d'accumulation, dont la durée est parfois assez longue (10, 15 et même 20 ans). Les bénéfices ainsi réalisés par la compagnie sont destinés à être répartis à l'arrivée du terme d'accumulation entre les polices de même catégorie, qui seront encore en vigueur.

Le résultat de cette combinaison, c'est de priver du remboursement d'une part qui devrait leur revenir, des assurés qui, par suite d'embarras d'argent ou parce que l'assurance n'a plus d'objet, ont cessé le paiement de leurs primes avant l'arrivée de l'époque de la distribution des bénéfices. Aussi ce système est-il bien inférieur à celui qui est actuellement employé par les compagnies européennes : réduction ou rachat, quelle que soit l'époque de la résiliation.

F. 7

Nous avons supposé jusqu'alors qu'il s'agissait de la résiliation d'un contrat d'assurance en cas de décès vie entière. Ses effets sont-ils analogues dans les autres combinaisons d'assurances?

Dans les assurances *temporaires* en cas de décès, il n'est en général question ni de réduction ni de rachat. C'est que la réserve n'y atteindrait le plus souvent qu'une valeur insignifiante.

Dans ces contrats à courte durée, en effet, la réserve individuelle ne suit pas, comme dans l'assurance vie entière, une évolution contraire à celle du groupe. Elle progresse comme cette dernière durant la première période pour diminuer ensuite durant la seconde.

La raison de cette différence vient de ce que, pendant la deuxième période, les parts provenant du partage des réserves des assurés morts sont inférieures chaque année au prélèvement exercé sur la réserve pour le paiement des sinistres.

Ce phénomène se conçoit, car l'assureur n'est pas tenu ici de verser la somme assurée à tous les membres du groupe sans exception, comme dans l'assurance vie entière, mais seulement à ceux qui décèderont avant le terme fixé. La réserve individuelle de chaque membre du groupe ne doit donc pas nécessairement s'accroître d'une façon continue (1).

---

(1) Voir le tableau cité par M. Adan dans son *Étude sur la nature du contrat d'assurance sur la vie*, p. 34. Bruxelles 1879.

Les polices pour ces sortes d'assurances sont d'ordinaire ainsi conçues :

Article 4. — A défaut de paiement dans (les délais sont les mêmes que pour les autres contrats (1))... l'assurance est de plein droit annulée et les primes payées, quel qu'en soit le nombre, sont acquises à la compagnie.

La solution est la même pour les assurances de survie : ni réduction, ni rachat.

Dans les assurances *en cas de vie*, le rachat n'est pas mentionné dans les polices, mais seulement la réduction. Les bases de calcul de cette opération diffèrent notablement d'ailleurs de celles adoptées en pareil cas dans l'assurance en cas de décès. La réserve n'est pas constituée ici seulement par une partie des primes versées, mais bien par les primes tout entières. Cette différence tient au fonctionnement même de cette catégorie d'assurance.

L'assureur n'aura, en effet, aucune somme à débourser jusqu'au terme de l'assurance, jusqu'à ce que le groupe, dont l'âge était de 30 ans par exemple lors de la conclusion du contrat, ait atteint 50 ans, si la durée de l'assurance était fixée à 20 ans. Il placera à intérêt les primes au fur et à mesure qu'elles lui seront versées et répartira chaque année entre les survivants les réserves devenues disponibles des assurés morts. Au compte de l'assuré qui résilie son contrat, on trouvera

____

(1) Voir la note, page 51.

donc, outre les primes qu'il a versées et leurs intérêts, une partie des primes des membres du groupe qui sont morts. Donc, rien d'analogue ici à l'évolution de la réserve de l'assurance en cas de décès : point de consommation annuelle d'une partie des capitaux du groupe, mais seulement leur accumulation.

On comprendra maintenant pourquoi les termes des polices sont ainsi conçus :

Article 2. — S'il a été acquitté, savoir : au moins trois annuités de primes pour les contrats d'une durée de 11 ans et au-dessus ; — au moins deux annuités de primes pour les contrats d'une durée de 6 à 10 ans inclus ; — au moins une annuité de prime pour les contrats d'une durée de 1 à 5 ans inclus ; la somme assurée ou la rente constituée, divisée en autant de fractions égales qu'il y avait d'annuités stipulées dans la police, est réduite au chiffre d'une de ces fractions multiplié par le nombre d'annuités payées.

La somme ou la rente ainsi réduite reste payable à l'époque et dans les conditions prévues par la police.

Ainsi, si le contrat est passé pour 20 ans et qu'il soit résilié après versement de 8 primes, le capital assuré étant 20,000 francs, la valeur de l'assurance réduite sera de 8,000 francs. Cette combinaison d'assurance réduite, dans la proportion du nombre des primes payées au nombre des primes stipulées, laisse place à un certain avantage, légitime d'ailleurs, pour les compagnies, car les premières primes versées ont plus de valeur que les dernières, à cause de la capitalisation par les intérêts (1).

____

(1) Dormoy : tome II, n° 310.

Dans les autres cas, c'est-à-dire toutes les fois que le nombre des primes payées sera inférieur aux minimums qui viennent d'être indiqués, les versements effectués resteront acquis à la compagnie.

Mais pourquoi n'y a-t-il pas de rachat dans ces sortes d'assurances ?

Parce que la restitution immédiate de la réserve entraînerait la ruine de l'institution. L'assureur, en effet, a tenu compte dans ses calculs de la diminution progressive du groupe. Les indemnités à payer à la fin de l'assurance aux survivants ne seront pas formées seulement par leurs primes propres, mais aussi par toutes celles qui ont été versées par tous ceux qui sont morts. C'est cette addition qui constitue le bénéfice de l'assurance pour ceux qui survivront ; sans elle, l'assurance en cas de vie ne serait qu'une capitalisation.

Que l'on suppose maintenant qu'un assuré se retire et emporte sa réserve : s'il vit au terme fixé, le groupe ne subira aucun préjudice ; il bénéficiera même de toutes les parts de réserves des assurés morts, qui auraient été attribuées à ce résiliant, depuis le jour de la résiliation jusqu'au terme de l'assurance, s'il était resté membre de la mutualité. Mais s'il meurt, sa réserve aurait dû accroître celles des survivants ; le groupe subira donc une perte dans ce cas.

Or, au moment de la résiliation, l'assureur ignore si le membre, qui abandonne l'assurance, fera partie de la catégorie des survivants, des gagnants en d'autres ter-

mes, ou si, au contraire, il sera du nombre des perdants. Dans cette alternative, il ne peut pas raisonna-
blement lui permettre de retirer immédiatement sa
réserve. Il ne peut lui accorder qu'une assurance réduite,
dont le capital suivra les péripéties qu'aurait subies
la réserve, si le contrat n'avait pas été résilié. S'il vit,
il y aura droit à l'échéance ; mais s'il meurt avant le
terme fixé, cette somme ira grossir les réserves des
survivants ; le groupe n'éprouvera donc aucune perte ;
l'équilibre de sa situation n'aura jamais été rompu.

Ces raisons prennent une importance d'autant plus
considérable que, dans la pratique, ceux qui rachète-
raient appartiendraient presque toujours au groupe des
perdants. Tandis que dans les assurances en cas de
décès, ce sont les assurés jeunes qui ont des tendances
à résilier, dans l'assurance en cas de vie, au contraire,
ce sont les assurés mal portants qui délaissent en général leur contrat, parce qu'ils prévoient qu'ils ne vivront
pas jusqu'à l'époque où leur serait payée l'indemnité
convenue.

En conséquence, si le rachat était permis dans cette
catégorie d'assurances, l'assureur ne serait pas en mesure à l'échéance de former les capitaux assurés ; il lui
manquerait, pour parfaire cette somme, toutes les réserves des membres qui, après avoir racheté, seraient
morts avant d'avoir atteint l'âge fixé.

La réduction est donc seule possible. L'assureur ne
peut autoriser le rachat. Il n'accorde à l'assuré la rési-

liation qu'à la condition essentielle qu'il ne touchera jamais. au moment même de la rupture du contrat, le montant disponible de sa réserve.

Il faut noter, du reste, que la police d'assurances, qui constitue un titre négociable, pourra être vendue à un tiers ; ce qui permettra à l'assuré de réaliser immédiatement une partie de la somme qui lui est due. C'est avec intention que nous disons « une partie », car le tiers acquéreur, menacé de ne rien toucher à l'échéance si son vendeur est mort à cette date, ne consentira jamais qu'à acheter à vil prix la police.

Nous dirons enfin, pour compléter cet aperçu sur la résiliation des assurances en cas de vie, que le droit de l'assuré à la réserve est régi par les mêmes règles que dans l'assurance décès. Il ne nait pas de la nature même du contrat. Les primes tout entières ont été aliénées au profit du groupe ; elles sont nécessaires au fonctionnement de la mutualité. L'assuré ne peut prétendre aucun droit sur elles, bien qu'elles soient encore intactes dans la caisse de la compagnie. Sen droit de créance ne peut naître qu'au moment de la résiliation même ; la réduction étant seule possible, il sera d'ailleurs toujours de nature conditionnelle ; il sera censé n'avoir jamais existé, si son titulaire meurt avant le terme fixé. L'assureur n'a consenti la résiliation que sous cette condition.

Quant à l'assurance *mixte* qui, comme on l'a vu, tient en même temps de l'assurance en cas de décès et de l'assurance en cas de vie (1), elle permet, de même que la première, la réduction et le rachat du contrat d'assurance ; mais le mode de calcul adopté pour ces opérations est le même que celui employé dans la seconde pour le cas de réduction.

Voici quels sont, pour cette assurance, les termes ordinaires des polices :

Art. 4. — La police est annulée et les primes payées sont acquises à la compagnie, si les trois premières primes annuelles n'ont pas été intégralement acquittées.

Si les trois premières primes annuelles au moins ont été intégralement payées, la somme assurée, divisée en autant de fractions égales qu'il y avait d'annuités stipulées dans la police, est réduite au chiffre d'une de ces fractions, multiplié par le nombre d'annuités payées.

La somme réduite reste payable à l'époque fixée dans la police ou à l'époque du décès, si l'assuré vient à décéder avant le terme de l'assurance.

Art. 11. — La compagnie rachète, à la demande des intéressés, les polices sur lesquelles les trois premières primes annuelles au moins ont été intégralement acquittées. Le prix de rachat est la valeur du capital, réduit conformément au deuxième paragraphe de l'art. 4, escompté pour le temps restant à courir jusqu'au jour de l'expiration de la police.

Que la réduction soit autorisée dans cette assurance, c'est logique, puisque cette opération est possible dans les deux combinaisons d'assurances qu'elle réunit.

----

(1) Les assureurs la considèrent comme une assurance en cas de décès, car, de même que dans l'assurance vie entière, ils auront à payer dans tous les cas le capital assuré. Mais au point de vue du droit, il n'en faut pas moins considérer qu'elle est la réunion de deux assurances, puisqu'il y a deux bénéfices distincts.

Mais pourquoi le rachat est-il permis, puisqu'il est incompatible avec l'assurance en cas de vie ? Parce que, quoi qu'il arrive, l'assureur est appelé à payer à l'assuré le capital convenu, alors même que ce dernier mourrait avant l'époque prise comme terme de l'assurance. S'il résilie, sa réserve devient donc disponible au point de vue du groupe, qui aurait dû lui payer, dans tous les cas, le capital assuré (1).

Le calcul de la valeur de réduction se fait de la même manière que pour l'assurance en cas de vie. Le capital est réduit dans la proportion du nombre des primes payées au nombre des primes stipulées, ce qui permet à la compagnie d'opérer dans la majorité des cas un prélèvement sur la réserve pour la même raison que plus haut (2).

(1) Il semblerait logique en théorie pure de décomposer en deux parties la réserve de l'assurance mixte : l'une destinée à la formation des indemnités à payer aux assurés qui mourront avant le terme convenu, l'autre ayant pour but la constitution des capitaux pour les survivants ; ou plus simplement : une réserve pour l'assurance décès et une autre pour l'assurance en cas de vie. Mais cette distinction n'a pas été consacrée par la pratique dans le calcul de la valeur de rachat de l'assurance mixte. Elle importait peu, sans doute, au point de vue du groupe, puisque, dans tous les cas, il avait à verser le capital assuré.

(2) Voir page 100.

Les compagnies ont employé ici un mode de réduction analogue à celui employé dans l'assurance en cas de vie, car il paraît plus avantageux à leurs clients que le système de la réduction théorique qui fonctionne dans l'assurance vie entière. En réalité, on ne peut pas dire d'une façon absolue si ce procédé est plus ou moins profitable à l'assureur que celui de la réduction théorique. (V. Poterin du Motel : *Théorie des assurances sur la vie*, n° 230, p. 308.)

Le prix du rachat est déterminé de la même manière, sauf retenue d'un escompte, ordinairement fixé à 5 0/0, pour le temps restant à courir jusqu'au jour de l'expiration de la police. Ce taux d'escompte plus élevé que celui du tarif laisse à la compagnie une certaine indemnité de résiliation.

On observera d'ailleurs que les résiliations seront beaucoup plus rares dans les contrats d'assurance mixte que dans les autres. En effet, que l'assuré soit mal portant ou en bonne santé, il ne craindra jamais de ne pas voir arriver son contrat à échéance. puisque, quoi qu'il arrive, l'assureur devra verser l'indemnité convenue. Donc, pas d'antisélection ici, analogue à celles que nous avons relevées pour les autres catégories d'assurance.

Dans l'assurance à terme fixe, les règles au cas de résiliation sont les mêmes que dans l'assurance mixte. Il faut remarquer pourtant que le rachat n'est possible que durant la vie de l'assuré (1); cette disposition a pour but de faire respecter la volonté du contractant après sa

---

(1) L'art. 4 des polices est conçu dans les mêmes termes que pour l'assurance mixte (voir p. 104).

L'art. 11 diffère un peu : « La compagnie rachète, à la demande des « intéressés, mais seulement pendant la vie de l'assuré, les polices « sur lesquelles les 3 premières primes annuelles au moins ont été ac-« quittées. Le prix de rachat est la valeur escomptée, pour le temps « restant à courir jusqu'au jour de l'expiration de la police, du capital « réduit conformément au deuxième paragraphe de l'art. 4 ci-des-« sus. »

mort. Il a stipulé que l'indemnité ne serait versée au bénéficiaire qu'au terme convenu ; son désir ne serait pas satisfait si, aussitôt après sa mort, le tiers gratifié était libre de demander le rachat. Il est bien préférable, du reste, pour le bénéficiaire de toucher à l'échéance le capital assuré tout entier, que de recevoir immédiatement une valeur de rachat moins élevée ; et cela est d'autant plus vrai, qu'à partir de la mort de l'assuré, aucune prime n'est plus due à la compagnie.

Nous noterons enfin en terminant que l'assuré, tout en exerçant le rachat, peut laisser entre les mains de l'assureur la somme à laquelle il a droit, pour l'affecter à la diminution du taux des primes d'une nouvelle assurance. Il transforme son contrat ou pour parler plus exactement il résilie son contrat primitif, une assurance en cas de décès par exemple, pour conclure avec l'assureur un nouveau contrat, lui paraissant plus utile, une assurance en cas de vie par exemple. Cette opération est en quelque sorte une variété de rachat.

L'étude de la réduction et du rachat, considérés en eux-mêmes, en tant que modes de liquidation du contrat d'assurance, est achevée. Il faut voir maintenant à qui appartient le droit de les exercer. C'est une question d'une importance considérable et d'un intérêt pratique constant.

CHAPITRE IV

DES DROITS DES DIVERS INTÉRESSÉS AU CAS DE CESSATION DU PAIEMENT DES PRIMES

—

Dès que la résiliation d'un contrat d'assurance entraîne le droit pour celui qui l'a souscrit de toucher une certaine somme, d'après les clauses des polices, on peut dire que l'assuré a en quelque façon le choix entre trois partis (1) : la continuation du contrat, solution qui dans bien des cas sera la plus avantageuse, la résiliation avec réduction et la résiliation avec rachat.

Sera-t-il toujours le seul juge de la décision à prendre ? Ou bien, au contraire, est-ce que certaines personnes, telles que ses créanciers ou le bénéficiaire de l'assurance, n'auront pas dans certains cas le droit de lui imposer leur avis sur le parti à adopter ? Telle est

(1) En réalité, deux partis seulement s'offrent à lui : le maintien du contrat ou sa résiliation. C'est seulement par extension et pour différencier le cas où la résiliation est pure et simple de celui où elle entraîne un certain bénéfice, que nous disons qu'une triple option lui est proposée.

la question qui se pose. Pour la résoudre, nous rechercherons successivement quels sont les droits de l'assuré, suivant qu'il est en présence des bénéficiaires ou en conflit avec les créanciers ou le syndic.

SECTION PREMIÈRE

L'ASSURÉ ET LES BÉNÉFICIAIRES.

Écartons d'abord une hypothèse sans difficulté. Il s'agit d'une assurance en cas de vie ou bien d'une assurance en cas de décès ou mixte, dont le bénéficiaire n'est pas désigné ou ne l'est que d'une façon insuffisante par une expression excluant toute idée d'individualité, telle que « mes ayants-cause », « mes parents », « mes héritiers ».

Il est évident que, dans ce cas, l'assuré sera entièrement maître de maintenir ou de résilier son contrat, d'opter à son gré, s'il y a lieu, entre la réduction et le rachat. Aucun conflit n'est possible. sauf réserve, s'il convient, des prétentions des créanciers dont nous rechercherons plus loin les droits.

En pratique, ce cas se présentera d'ailleurs assez rarement. Le plus souvent celui qui contracte une assurance en cas de décès ou une assurance mixte désigne le bénéficiaire d'une façon précise, sans laisser aucun doute sur son intention. Il ne veut pas que le but précis, en vue duquel il a passé un acte de cette nature, puisse rester ignoré ; il dira par exemple : « Monsieur un tel (désigné individuellement) », « ma femme ».

Cette seule désignation n'est pas susceptible d'ailleurs de donner au tiers nommé un droit lui permettant de faire échec à la volonté de l'assuré. Aucun conflit ne pourra s'élever encore entre eux. Tant que ce tiers, en effet, n'a pas manifesté par une acceptation expresse ou tacite sa volonté de profiter du bénéfice qui lui est proposé, l'assuré peut révoquer son offre, substituer un nouveau bénéficiaire à la place de celui-ci ou ne pas en désigner du tout. La révocation pourra être tacite et résulter de la cessation du paiement des primes ; elle sera une conséquence forcée de la perception par l'assuré de la valeur de rachat.

L'acceptation est nécessaire pour consolider au profit du tiers le droit au capital, que la police a fait naître en sa faveur, et pour enlever au souscripteur de l'assurance le droit de le révoquer. C'est le système admis en France par la jurisprudence (1) et par la majorité de la doctrine. Envisageant l'assurance sur la vie comme une stipulation pour autrui, elles lui appliquent l'art. 1121 du Code civil, aux termes duquel le stipulant ne peut

(1) Voir notamment : Cass., 7 août 1888 ; S. 89, 1, 97 ; D. P. 89, 1, 118 ; — Cass., 23 janvier 1889 ; S. 89, 1, 353 ; D. P, 90, 1, 173 ; — Cass., 22 juin 1891 ; S. 92, 1, 177 ; D. P. 92, 1, 105.

plus révoquer la stipulation qu'il a faite, « si le tiers a déclaré vouloir en profiter ».

L'acceptation rend donc irrévocable (1) le droit du bénéficiaire au capital assuré ; cette valeur future fait désormais exclusivement partie de son patrimoine ; le souscripteur de la police n'a plus la faculté de le lui enlever.

En pratique, elle sera d'ailleurs rarement possible, car l'assuré, pour garder sa liberté d'action, ne fera pas connaître au bénéficiaire l'avantage qu'il lui a fait.

Dans certaines législations étrangères, en droit suisse notamment, le bénéficiaire n'acquiert un droit propre, définitif et irrévocable, qu'au moment du décès du promettant. Jusqu'à cette date, alors même qu'il aurait accepté, il n'a encore qu'une simple expectative, non un droit, à moins que l'assuré ne se soit formellement engagé dans la police à renoncer à son droit de révocation. C'est dans cette dernière hypothèse seulement qu'un conflit pourrait se produire entre le bénéficiaire et l'assuré. Dans tout autre cas, ce dernier pourra à son gré, en cessant le paiement des primes, toucher le montant du rachat ou laisser, au contraire, la ré-

---

(1) Mais elle n'est pas nécessaire du vivant de l'assuré pour que le bénéficiaire ait un droit propre à l'indemnité. Il suffit pour cela qu'il n'ait pas été révoqué jusqu'au décès du promettant, car son adhésion peut intervenir utilement même après cette date.

Les clauses de rachat, d'endossement et d'emprunt ne sont pas incompatibles, du reste, avec l'idée d'un droit éventuel du bénéficiaire au capital assuré. Cass., 22 juin 1891 (précité).

duction se produire. Le bénéficiaire n'élèverait valablement aucune prétention contraire, puisque son droit
n'est encore qu'à l'état de simple expectative. C'est,
comme on va le voir, une différence sensible avec le
système français.

Mais supposons, en nous plaçant au point de vue du
droit français, que l'acceptation du bénéficiaire soit intervenue du vivant de l'assuré. Aura-t-elle pour effet de
l'autoriser à toucher le montant du rachat ou à continuer le paiement des primes pour empêcher la résiliation du contrat ? Telle est la question à résoudre.

Deux points sont hors de doute. D'une part, l'assuré
peut cesser, quand il lui plaît, le versement des primes
annuelles, sauf le cas à peu près chimérique où la police contiendrait un engagement formel de sa part de
continuer le service des primes ; le bénéficiaire n'a pas
qualité pour l'y contraindre ; le paiement des primes
reste facultatif.

D'autre part, il est loisible au tiers acceptant de continuer le versement des primes, si l'assuré y consent ;
le contrat continuera alors à son profit ; le capital assuré
lui sera versé par la compagnie, lorsque l'événement
prévu se réalisera.

Reste la difficulté suivante : l'assuré cesse le paiement des primes et dénie au tiers le droit de le continuer à sa place ; il veut exercer le rachat et prétend en
toucher le montant. Quels sont en pareille occurrence
les droits du bénéficiaire ? Peut-il continuer le paiement

des primes, malgré la volonté contraire du preneur d'assurance? Peut-il toucher le montant du rachat au cas de résiliation du contrat primitif?

Pour résoudre cette double question, nous envisagerons successivement, pour plus de clarté, deux éventualités différentes : 1° le cas où le tiers désigné n'est qu'un bénéficiaire à titre gratuit; 2° et celui où le bénéfice de l'assurance ne lui a été transmis, au contraire, qu'à titre onéreux.

Cette distinction nous permettra d'interpréter d'une façon plus saine la volonté de l'assuré. Il a agi d'après des sentiments différents dans les deux hypothèses : dans la première, il fait acte de générosité; dans la deuxième, acte de débiteur. Est-ce qu'il a voulu dans les deux cas aboutir au même résultat, conférer au tiers des prérogatives identiques?

Il s'agit d'une question d'interprétation de volonté. Il est conforme à l'esprit qui a présidé à la construction de la théorie juridique actuelle de l'assurance sur la vie de rechercher minutieusement quelle a été la volonté des parties en cause dans notre hypothèse. C'est pour respecter cette volonté souveraine que l'on a imaginé la théorie d'un droit propre au bénéficiaire sur le capital assuré, d'un droit faisant exclusivement partie de son patrimoine et n'ayant jamais figuré dans celui de l'assuré. C'est pour la respecter que l'on a fait rentrer l'assurance sur la vie dans le cadre de l'article 1121. C'est pour la respecter aussi que nous envisagerons séparément, au cas de cessation de paiement des primes, deux situations différentes qui pourraient conduire à des solutions inverses.

Nous supposerons d'abord que le bénéficiaire acceptant n'a fourni à l'assuré aucune contre-prestation en retour de l'avantage qui lui a été accordé ; c'est un bénéficiaire à titre gratuit. Le cas ne sera pas d'ailleurs fréquent en pratique, le souscripteur du contrat voulant presque toujours rester maitre de sa police, sans être lié par l'irrévocabilité ; le bénéficiaire ignorera donc le plus souvent l'existence du contrat.

Mais supposons l'acceptation intervenue. Quels vont être les droits du tiers au cas de non-paiement des primes par l'assuré ?

Au premier abord, on pourrait être tenté de faire le raisonnemant suivant, qui est assez spécieux. Qu'est-ce que l'assuré a voulu ? Uniquement que le capital convenu soit versé au bénéficiaire, lorsque l'événement prévu se réalisera et que ce capital tombe directement dans le patrimoine de ce dernier en vertu d'un droit propre. Mais il n'a rien voulu de plus. Il n'a eu l'intention, ni de lui conférer un droit sur la réserve, qui n'est pas, comme nous l'avons démontré, une portion de l'indemnité finale, ni de lui permettre de continuer le paiement des primes sans son consentement ; en effet, outre que cette faculté impliquerait pour le tiers un droit sur la réserve, dont il pourrait librement disposer en la laissant entre les mains de l'assureur pour la continuation

du contrat, le maintien ou l'arrêt de ce contrat dépend
d'une question morale dont lui, assuré, doit rester seul
juge. Il a voulu conserver son droit sur la réserve des
primes et sa faculté d'option entre la réduction et le rachat. La réserve naît de l'adoption de la prime uniforme ;
cette combinaison est particulière entre l'assureur et
l'assuré ; elle ne doit conférer aucun droit au bénéficiaire, qui doit se trouver absolument dans la même
situation que si l'assurance était à primes temporaires
croissantes.

La réserve est donc une créance de l'assuré et non
pas du bénéficiaire contre la compagnie. En conséquence, si l'assuré laisse opérer la réduction, c'est lui seul
qui sera titulaire de l'indemnité réduite ; s'il exerce le
rachat, c'est lui qui en touchera le montant.

Il faudrait donc refuser au bénéficiaire acceptant un
droit sur la réserve ; d'où par suite décider qu'il n'a
pas le droit de continuer le paiement des primes sans le
consentement de l'assuré, ni celui de choisir entre la
réduction et le rachat, ni celui enfin de toucher, par le
seul fait de son acceptation première, le bénéfice résultant de l'une ou de l'autre de ces nouvelles conventions.

Ce raisonnement logique serait assez séduisant, mais
il vient se heurter d'une part à l'article 1121, d'autre
part à l'intention probable de l'assuré.

A l'article 1121, qui déclare que le stipulant ne
peut plus révoquer le bénéfice, si le tiers a déclaré vouloir en profiter ; l'acceptation par ce dernier de l'offre

qui lui est faite met donc son droit à l'abri d'une révocation.

Or, consentir à l'assuré un droit exclusif à la réserve, c'est lui mettre en mains un droit indirect de révocation, dont les résultats, s'il est exercé, seront les mêmes pour le tiers que ceux d'une révocation directe. Le bénéficiaire ne touchera pas nécessairement le montant du rachat; il ne sera pas de plein droit le titulaire de l'assurance réduite; il pourra se voir refuser la continuation du paiement des primes; il n'aura en somme droit à rien: il sera à la merci d'une révocation. Que signifie donc la prétendue irrévocabilité de son droit? A quoi lui servira qu'un tiers ne puisse pas lui être directement substitué. si l'assuré est maître de l'évincer indirectement?

Il est nécessaire assurément de reconnaître au stipulant le droit de cesser à son gré le paiement des primes. Mais il est nécessaire aussi de reconnaître au bénéficiaire, pour que l'irrévocabilité de son droit ne soit pas une vaine chimère. la faculté de continuer le paiement annuel des primes, même en présence d'une volonté contraire de l'assuré. Il faut lui accorder le pouvoir de maintenir le contrat jusqu'à son échéance, jusqu'au moment où il touchera le capital assuré, objet principal de son bénéfice, jusqu'au complet épanouissement de son droit irrévocable.

Or, lui accorder ce droit, c'est implicitement lui en reconnaître d'autres qui lui sont corrélatifs. En effet, pour qu'il puisse continuer sans interruption le paiement des primes, il faut que la réserve du contrat d'assurance reste entre les mains de la compagnie. Or, s'il a le droit d'en disposer ainsi, même malgré la volonté contraire de l'assuré, c'est évidemment parce qu'il en est créancier, parce qu'il est titulaire éventuel de cette valeur. Et s'il en est créancier, c'est lui qui devra en toucher le montant lorsque le contrat d'assurance sera résilié définitivement par la cessation absolue, tant par lui que par l'assuré, du versement des primes ; c'est à lui que reviendra le droit d'opter entre la réduction et le rachat ; c'est entre lui seul et l'assureur que se concluront ces nouveaux contrats ; c'est à lui que reviendra le bénéfice de l'assurance réduite.

On arriverait encore au même résultat par le raisonnement suivant. Le rachat n'est qu'un mode détourné de révocation ; c'est une révocation indirecte ; on ne peut donc songer, en présence de l'article 1121, à en autoriser l'exercice à l'assuré. C'est le gratifié seul qui peut avoir ce droit. Mais le lui concéder, c'est implicitement dire qu'il a un droit sur la réserve, que, par suite, il peut choisir entre la réduction et le rachat ou continuer le paiement des primes sans le consentement de l'assuré.

Et l'on arrive ainsi de toutes manières à cette conclusion : si le bénéficiaire acceptant a un droit propre, irrévocable, sur le capital assuré pour le cas d'exécution normale du contrat, il a également un droit propre sur la réserve pour le cas de résiliation de ce même contrat (1). Ces deux droits sont intimement liés ensemble, car le second est destiné à permettre au tiers d'arriver à la réalisation du premier et de maintenir son irrévocabilité.

Le tiers devient donc, par l'acceptation, comme le maître du contrat. Il touchera l'indemnité convenue, si le risque se réalise ; il maintiendra, s'il lui plaît, l'existence du contrat, si l'assuré interrompt le versement des primes. Au cas de résiliation enfin, il profitera de sa liquidation par le procédé qu'il trouvera le plus avantageux. A tous les points de vue, il sera vraiment le bénéficiaire du contrat d'assurance.

Et cette solution est bien, en définitive, conforme à la volonté de l'assuré. S'il a provoqué l'acceptation du tiers qu'il a désigné, s'il lui a révélé l'existence de la police, c'est à coup sûr pour lui conférer des avantages, pour lui faire savoir que son patrimoine est désormais enrichi d'un droit solide, consistant, en ce sens qu'il est à l'abri de toute révocation directe ou indirecte. Il a voulu de son vivant lui manifester toute son affection en l'invitant à recueillir d'une façon aussi

---

(1) Ce droit est personnel au bénéficiaire. S'il meurt avant l'assuré, ses héritiers n'y auront pas droit, pas plus qu'ils n'en auront un sur le capital assuré. Cf. Trib. civ. Mulhouse, 14 juin 1867, *Journ. des ass.* 1868, 155 ; Cour de Colmar, 20 février 1868, *Journ. des ass.*, 68, 246. — La libéralité provenant d'une assurance sur la vie est absolument personnelle.

large que possible tous les avantages résultant du contrat d'assurance. Il veut que ce tiers puisse compter pour l'avenir sur un accroissement futur de sa fortune et, en conséquence, augmenter dès maintenant son aisance, dépenser plus largement ses revenus, accroître son crédit en faisant entrevoir l'amélioration probable de sa situation actuelle. Dans son esprit, l'acceptation du tiers doit produire un résultat positif : l'avantage qu'il lui procure doit être de tous points absolument irrévocable.

La seconde explication que nous avons proposée est donc la seule qui donne satisfaction à cette volonté souveraine. Seule, elle fait produire à l'acceptation du bénéficiaire des résultats effectifs et certains, en lui reconnaissant un droit propre non pas seulement sur le capital assuré, mais aussi sur la réserve. Le preneur d'assurance a voulu que celui qu'il a gratifié jouisse de tous les avantages naissant du contrat, qu'il a passé uniquement en sa faveur. Il s'est réservé de cesser le paiement des primes, ce qui est fort légitime, mais il s'est interdit la révocation du bénéfice. Or, s'il reprenait l'excédent des primes porté à son actif, en d'autres termes la réserve, il exercerait une sorte de révocation dans le passé, puisque ces primes ont été totalement aliénées en vue du bénéfice.

Il faut donc attribuer au tiers gratifié un droit sur le capital stipulé pour le cas où le contrat suivra son cours et un droit sur la réserve pour l'hypothèse de la résiliation (1), ce dernier droit étant d'ailleurs indépendant du premier, puisque les indemnités sont formées avec les primes et les parts de réserves de tous les assurés du groupe et non pas avec la réserve seule du contrat sinistré.

Telles sont à notre avis les conséquences de la notion d'irrévocabilité. Elles ne paraîtront pas excessives, si l'on considère que l'assuré n'était pas tenu de provoquer l'acceptation du bénéficiaire pour lui conférer un droit exclusif sur l'indemnité d'assurance. En effet, d'après la doctrine admise par la jurisprudence et par la majorité des auteurs (2), l'acceptation du tiers intervenant *post mortem stipulantis* suffit à lui faire acquérir un droit propre sur le capital assuré, qui

---

(1) Ce droit de créance ne naît, comme nous l'avons établi, qu'au moment de la résiliation ; jusque-là, la compagnie ne doit pas encore la réserve. On peut déduire de cette remarque des conséquences intéressantes : 1o Le bénéficiaire n'a encore dans son patrimoine aucune valeur effective provenant de l'assurance ; — 2o L'irrévocabilité n'empêchera pas l'assuré d'emprunter sur sa réserve dans les limites autorisées par les statuts de la compagnie. Si plus tard, le contrat est résilié avant restitution des avances ainsi faites, le tiers ne touchera que la partie de la valeur de rachat que l'assureur doit encore. Comme le droit du gratifié ne naît qu'au moment de la résiliation, il est exactement égal à la somme due par l'assureur à cet instant précis ; il ne peut pas être plus étendu. Si le bénéficiaire veut continuer le contrat, il devrait donc rembourser à la compagnie l'avance qu'elle a faite ; — 3o Le tiers ne peut prétendre à emprunter lui-même jusqu'à concurrence de la valeur de rachat, tant que l'assuré acquitte régulièrement les primes.

(2) Voir Lefort : tome II, p. 109 et les notes.

sera censé n'avoir jamais fait partie du patrimoine du stipulant.

La première explication a pour résultat, au contraire, de ne faire produire à l'idée d'irrévocabilité aucune conséquence sérieuse. L'assuré reste maître d'annihiler indirectement le bénéfice qu'il a fait, en refusant au tiers le droit de verser les primes encore dues et en s'attribuant le montant de la réserve. La seule entrave apportée à ses pouvoirs, c'est qu'il ne pourra pas substituer directement un tiers à celui qui a accepté ; mais rien ne l'empêche en somme d'y arriver par un moyen détourné, en affectant le solde créditeur de son contrat au versement des primes d'une nouvelle assurance.

L'effet de l'irrévocabilité doit être plus absolu. Elle doit rendre dans une certaine mesure le gratifié maître du contrat, en ce sens qu'au cas de cessation de paiement des primes par l'assuré, il soit libre de continuer lui-même le contrat (1) ou de se borner, au contraire, à s'attribuer l'avantage qu'entraîne sa résiliation. Mieux que la précédente, cette deuxième solution respecte à la fois l'article 1121 et la volonté probable de l'assuré.

Mais on nous objectera peut-être : donner ces droits au bénéficiaire, c'est implicitement lui reconnaître celui

(1) Comme ce n'est pas avec le tiers, mais avec l'assuré que la compagnie a traité, elle pourrait refuser à ce bénéficiaire la continuation du contrat, à moins qu'elle ne l'ait accepté antérieurement comme débiteur des primes ; mais en pratique, elle n'usera jamais de ce droit ; elle a avantage au maintien du contrat.

d'exercer le rachat à tout moment, alors même que l'assuré ne voudrait pas encore résilier ; or, le stipulant n'a certainement jamais voulu attribuer au tiers une prérogative semblable. La réponse est facile : les droits du tiers acceptant sur la réserve, ne naissent, comme nous l'avons établi, que de la résiliation même (1).; jusquelà, la compagnie n'est pas débitrice de ce chef. Or, comme la résiliation ne peut provenir que de la cessation du paiement des primes, les droits du tiers sur la réserve ne pourront pas prendre naissance, tant que l'assuré continuera les versements annuels. Par la force même des choses, la volonté du stipulant sera donc toujours respectée.

En résumé, pour nous, dire que le droit du bénéficiaire acceptant est irrévocable, c'est dire qu'au cas de cessation du paiement des primes, il a un droit sur la réserve, qu'il peut continuer le paiement des primes ou qu'il peut exercer à son choix la réduction ou le rachat. Toutes ces idées se tiennent. Elles sont la conséquence logique des principes que nous avons découvert à la base de la résiliation du contrat d'assurance et de l'analyse que nous avons faite de la réduction et du rachat (2).

---

(1) Cf. page 78 et page 120, note 1.

(2) Les auteurs donnent sur les droits du bénéficiaire au cas de cessation de paiement des primes des solutions de détail, sans embrasser la question dans son ensemble. Cf. Lefort, t. III, p. 29 ; Berdez : *Les bases de l'assurance privée*, p. 270 ; Cosmao-Dumanoir,

Et, en poussant un peu plus loin ces idées, nous arriverions aux conclusions suivantes, sur lesquelles nous n'insisterons pas, du reste, à cause de leur intérêt à peu près uniquement spéculatif.

Dire, en effet, que le bénéficiaire acceptant a un droit sur sa réserve au cas de cessation de paiement des primes, c'est dire implicitement qu'à dater de sa désignation, mais avant l'acceptation, il a un droit propre, en quelque sorte latent, à cette réserve, mais un droit encore révocable ; c'est un droit de nature analogue à celui qu'il a, à ce moment même, sur l'indemnité d'assurance. Avant l'acceptation, le tiers bénéficiaire d'un contrat d'assurance sur la vie a donc un droit latent, en quelque sorte à double face : si l'on envisage l'échéance normale du contrat, c'est un droit propre éventuel au capital assuré ; si l'on considère sa résiliation prématurée, c'est un droit propre éventuel à la réserve disponible.

Et l'avantage de cette remarque ? C'est que le bénéficiaire, à qui le stipulant aurait attribué le montant du rachat après avoir résilié le contrat, recueillerait cette valeur en vertu d'un droit propre, exclusif, tirant son origine du contrat principal. L'hypothèse n'est d'ailleurs guère pratique ; il est plus naturel de penser que le stipulant opterait en pareil cas pour la réduction,

p. 90 sv. — M. Dupuich semble douter que le bénéficiaire puisse exercer le rachat : note au Dalloz, P. 95, 2, 156,

car elle est plus conforme à ses intentions premières. Or, au point de vue de la réduction, l'idée que nous venons d'émettre n'offre guère d'intérêt, car cette opération peut être considérée comme une stipulation pour autrui valable. Elle est, en effet, la condition d'une aliénation que l'assuré consent à la compagnie, de l'abandon qu'il fait entre ses mains de la réserve fonctionnant comme prime unique; ce qui suffit, d'après l'avis des auteurs (1), pour que l'article 1121 s'applique.

Quelle est la manière de voir de la jurisprudence sur ces difficultés? Elle n'a donné jusqu'ici que des solutions isolées; elle n'a pas eu l'occasion de voir le lien qui les unit étroitement.

Ainsi, elle ne reconnaît au bénéficiaire le droit de continuer le paiement des primes que si l'assuré y consent (2). D'une façon générale d'ailleurs, elle exige le consentement de l'assuré, pour qu'un tiers quelconque, créancier, cessionnaire, bénéficiaire, puisse continuer le service des annuités. Décision critiquable à notre avis, car il ne s'agit pas ici de contracter une assurance sur la tête d'un tiers, mais seulement de la continuer.

---

(1) Demolombe : *Traité des contrats*, tome I, n⁰ˢ 232 et 247 ; — Aubry et Rau : *Cours de droit civil français*, tome IV, n⁰ 343 [ter], p. 308 ; — Colmet de Santerre : *Cours analytique de code civil*, tome V, n⁰ 33 [bis].

(2) Trib. civ. Seine, 22 nov. 1892 ; *Rec. périod. des ass.*, 93, 149; *Journ. des assur.*, 92, 127.

Or, s'il est naturel d'exiger que le tiers adhère à une convention qui a pour pivot son existence, il est superflu en même temps qu'injuste d'imposer à la personne qui veut continuer le contrat l'obligation de se pourvoir de l'assentiment de l'ancien assuré ; superflu, parce qu'il ne s'agit que du maintien d'une situation, à laquelle ce dernier n'avait pas vu d'obstacle ; injuste, parce que ce nouveau preneur d'assurance pourra se voir refuser ainsi la prolongation d'un contrat, sur laquelle il était en droit de compter (1).

Mais la jurisprudence décide avec raison que la compagnie n'est pas tenue, au cas de non-paiement des primes par l'assuré, de mettre en demeure le bénéficiaire ou le cessionnaire d'avoir à payer dorénavant les primes ; c'est avec l'assuré seul qu'elle a traité ; elle ignore l'intervention de toute autre personne (2). Le

(1) Avec l'idée d'un contrat annuel, on ne pourrait pas admettre, dans l'état actuel des textes, le renouvellement du contrat contre l'assentiment de l'assuré ; en effet, d'après un avis du Conseil d'État du 28 mai 1818, d'après la discussion qui a précédé le vote de la loi du 11 juillet 1868 pour l'établissement d'une caisse d'assurance sous le contrôle de l'État et enfin d'après les statuts des compagnies, une assurance ne peut pas être *contractée* sur la tête d'un tiers sans son assentiment. Mais avec la notion du contrat unique, il n'est question que du maintien du contrat ; ces textes ne s'appliquent donc pas ici ; l'adhésion de l'assuré n'est pas obligatoire.

(2) Voir notamment : Trib, civ. Seine, 1er mai 1890 ; *Rec. périod. des assur.*, 90, 335 ; trib. civ. Seine, 22 nov. 1892 ; *Rec. périod. des assur.*, 93, 149 ; *Journal des ass.*, 93, 127 ; — trib. comm. Seine, 11 avril 1888, *Rec. périod. des assur.* 88, 325 ; — Cass. 5 août 1889, S. 91, 1, 325.

tiers devra donc s'informer chaque année du versement des primes pour l'effectuer à son tour, si l'assuré ne l'a pas fait, à moins, ce qui serait plus simple, qu'il ne passe avec la compagnie une convention, aux termes de laquelle elle s'engagerait à l'avertir en temps utile du non-paiement des primes.

C'est aussi avec raison, à notre avis du moins, qu'il a été jugé que le bénéficiaire acceptant a le droit, au cas de résiliation du contrat d'assurance par non-paiement des primes, d'exercer le rachat et d'en toucher le montant (Trib. civ. Seine, 15 juillet 1895) (1). Cette décision ne met pourtant pas assez en lumière le droit du tiers à la réserve, d'où découle le droit au rachat. Mais c'est avec logique qu'elle déclare que les oppositions pratiquées entre les mains de la compagnie par les créanciers de l'assuré sont « inopérantes et frappent dans le vide » ; qu'elles ne peuvent empêcher le versement du prix de rachat aux bénéficiaires. N'est-ce pas dire implicitement que le tiers a un droit propre sur la réserve, que cette valeur n'a jamais fait partie du patrimoine de l'assuré ?

Dans un arrêt du 8 avril 1895 (D. P. 95, 1, 443), la Cour de cassation a confirmé implicitement ce résultat en décidant que, dans une assurance en cas de décès, l'as-

---

(1) *Journ. des ass.* 96, 139 ; *Rec. périod. des assur.* 96, 305 ; « at-
« tendu que le droit au rachat fait partie des avantages compris
« dans la police ; et qu'il a été transmis avec elle aux bénéficiaires no-
« minativement désignés ; qu'ils peuvent donc l'exercer. »

suré ne peut plus, à dater de l'acceptation du tiers, exercer le rachat, car il révoquerait ainsi indirectement le bénéfice ; en acceptant, le tiers assuré a rendu définitif en sa personne le droit propre que cette stipulation lui conférait ; il a acquis le droit au rachat. Mais il faudrait aller plus loin, en déduire le droit du bénéficiaire à la réserve des primes et montrer que c'est un droit bien distinct du droit à l'indemnité.

Une dernière observation pour terminer cette étude sur les droits du tiers acceptant : le système français est, d'après nous, inférieur sur ce point aux systèmes étrangers, dont il a été parlé plus haut (1), car il permet à un tiers d'acquérir un droit irrévocable par une simple acceptation tacite (art. 1121), qui pourra être souvent ignorée de l'assureur. Il serait préférable, qu'à l'exemple de ces autres théories, l'irrévocabilité de ce droit ne puisse résulter que d'une mention formelle contenue dans la police et dont l'assureur aurait connaissance.

Nous avons supposé jusqu'ici que le tiers acceptant était un bénéficiaire à titre gratuit. Donnerons-nous les mêmes solutions pour un cessionnaire à titre onéreux, à qui le bénéfice de la police a été transmis en paiement ou en garantie d'une dette ? Évidemment (2), on peut même dire *a fortiori*, à la condition, bien entendu, qu'il

---

(1) Voir page 111.

(2) Il est à remarquer que les termes des polices, expression de la volonté des contractants, semblent prévoir les conséquences auxquelles nous amène la recherche de l'intention de l'assuré ; il y est dit, en

ait accepté le bénéfice. Si nous avions été conduit dans l'hypothèse précédente à refuser au gratifié l'exercice de certains droits, la question se poserait maintenant de savoir s'il n'y aurait pas lieu d'être plus large en faveur d'un tiers, qui a fourni l'équivalent de l'avantage qui lui est accordé. Mais puisque nous lui avons reconnu tous les droits : droit à la réduction, au rachat, droit à la continuation du paiement des primes, cette seconde hypothèse ne soulève pas de difficulté.

Et l'on peut même ajouter, à l'argument tiré de l'irrévocabilité, cette considération nouvelle : que les solutions inverses de celles que nous avons émises auraient pour résultat de permettre à l'assuré de spolier indignement un de ses créanciers, qui avait bien entendu pourtant acquérir le plus grand nombre possible des droits que conférait la police.

Une différence est pourtant à noter, mais tout à l'avantage du bénéficiaire à titre onéreux : il pourra poursuivre l'assuré qui cesse le paiement des primes et lui réclamer, sur le fondement des articles 1142 et 1382 du Code civil, des dommages-intérêts.

Nous venons de rechercher quels sont les droits du bénéficiaire d'une assurance en cas de décès pure et simple. Si l'assurance est mixte, faut-il adopter les mêmes solutions ?

effet, que le rachat aura lieu « à la demande des intéressés », ce qui implique que le droit de le demander n'appartiendra pas toujours à l'assuré seul.

Une première hypothèse n'offre pas de difficulté : lorsque le bénéficiaire du capital payable pour le cas de prédécès de l'assuré avant le terme convenu n'est pas désigné, ou lorsque, étant désigné, il n'a pas accepté, l'assuré reste toujours maître d'arrêter définitivement le paiement des primes ou de s'attribuer la réserve sous forme de rachat ou de réduction ; il n'est pas lié ici, en effet, par l'irrévocabilité.

Mais la question devient délicate au cas d'acceptation par le bénéficiaire. Nous ne distinguerons plus ici, suivant qu'il est à titre gratuit ou à titre onéreux, puisque nous avons reconnu que ses droits sont les mêmes dans les deux cas.

On ne peut pas dire là, comme dans l'hypothèse précédente, que le tiers possède désormais, à l'exclusion de l'assuré, les droits au rachat, à la réduction, à la continuation du paiement des primes, car l'assurance n'est pas uniquement destinée ici à lui procurer un capital.

Son droit est essentiellement *conditionnel*. Si l'assuré survit à l'époque prise comme terme du contrat, c'est à lui et non au tiers que l'indemnité sera versée ; ce dernier sera censé n'avoir jamais eu aucun droit, car son droit était subordonné à la condition résolutoire de la survie de l'assuré au terme fixé (art. 1179 C. c.). Mais si, au contraire, l'assuré prédécède avant l'arrivée de cette date, le droit du tiers, étant soumis à cette condition suspensive qui se réalise, sera censé avoir fait partie de son patrimoine du jour du contrat (même article).

F. 9

La jurisprudence, qui avait tenté, à une certaine époque, de faire prédominer le caractère d'assurance en cas
de vie dans l'assurance mixte et de ne pas reconnaître un
droit propre au bénéficiaire (1), consacre aujourd'hui
avec raison la doctrine que nous venons de présenter.
L'assurance mixte se compose de deux assurances ; une
assurance en cas de vie et une assurance en cas de décès :
suivant que tel ou tel événement, survie ou prédécès de
l'assuré, se réalisera, l'une sera censée avoir toujours
existée et l'autre n'avoir, au contraire, jamais eu d'existence. Les droits qu'elles confèrent suivront le même
sort (2).

Et il en sera forcément de même des droits que nous
avons reconnus plus haut appartenir au tiers acceptant
au cas de cessation de paiement des primes par l'assuré :
si ce dernier survit au terme fixé, le bénéficiaire sera
censé n'avoir jamais eu aucune prérogative ; seule, l'assurance en cas de décès aura vécu.

Que décider par suite au cas de non-versement des
primes ?

Ecartons d'abord un cas qui n'est pas de nature à se

(1) V. notamment : Cass. 7 février 1877, S. 77, 1, 393 ; D. P. 77, 1, 341 ;
— Cass. 27 janvier 1879 ; S. 79, 1, 218 ; D. P. 79, 1, 230 ; — Cass. 10
février 1880, S. 80, 1, 152 ; D. P. 80, 1, 169.

(2) Cass. req. 22 octob. 1888, S. 89, 1, 293 ; D. P. 89, 1, 161 ; rejet
d'un arrêt de la Cour de Douai, 14 févr. 1887, S. 88, 2, 49 ; — Aix, 20
mars 1888, *J. du Palais*, 89, 1, 200 ; — Trib. civ. Reims, 7 avril 1887,
J. ass. 87, 457 ; — Trib. civ. Seine, 21 juillet 1887, *J. ass.* 87, 494 et
surtout cass. 6 février 1888, D. P. 88, 1, 193 ; S. 88, 1, 121.

présenter dans la pratique. C'est celui du refus par l'assuré au bénéficiaire de la continuation du paiement des primes. Si le tiers offre de verser désormais les primes, l'assuré ne s'y opposera guère, puisqu'il aura la perspective de toucher au cas de vie le capital entier ; le bénéficiaire ne lui fera d'ailleurs que rarement cette proposition, qui ne lui procurerait aucun avantage si le stipulant survivait à la date fixée.

Mais quid pour le rachat ? Sauf réserve contraire de la part de l'assuré avant l'acceptation du tiers, il ne pourra, d'après nous, être exercé ni par l'un, ni par l'autre des personnages en cause : ni par le bénéficiaire qui n'aura jamais eu aucun pouvoir, si c'est l'assurance en cas de vie qui triomphe ; ni par l'assuré, car si c'est l'assurance en cas de décès qui se réalise, il aurait indirectement révoqué un bénéfice irrévocable, ce qui ne lui est plus permis.

Reste donc une seule solution possible, la réduction. Comme elle s'opère de plein droit, peu importe que pour le moment celui qui en profitera soit désigné. L'événement dira avec quelle personne elle est censée avoir été conclue : c'est le stipulant qui en sera titulaire, s'il vit jusqu'à l'échéance fixée ou si le tiers meurt avant lui ; ce sera le bénéficiaire, au contraire, si l'assuré prédécède.

Pas plus que le droit au capital assuré, le droit à la réserve n'est donc encore susceptible d'une attribution précise. Lui aussi, il est conditionnel : il aura le sort qu'aurait eu son congénère, si le contrat avait suivi son cours normal.

Donc, point de rachat possible, puisqu'on ignore encore avec quelle personne la compagnie devrait passer ce contrat. La réduction seule est provisoirement réalisable (1); le capital réduit suivra l'affectation qu'aurait eue l'indemnité principale. Telle est, à notre avis, la conclusion logique pour cette hypothèse ; elle concorde avec les principes émis plus haut en matière d'irrévocabilité et avec la nature que la jurisprudence a reconnu avec raison à l'assurance mixte.

Dans l'assurance à terme fixe, il n'y aura pratiquement jamais de difficulté. Le bénéficiaire, qui sera d'ailleurs presque toujours un enfant, incapable, par conséquent, d'accepter (on sait que cette assurance est surtout une assurance de dotation), n'aura jamais, en fait, à manifester sa volonté, car il ignorera l'avantage qui lui est fait.

S'il arrivait pourtant qu'il ait accepté, nous lui reconnaîtrions, au cas de cessation des versements, les mêmes droits qu'au bénéficiaire de l'assurance vie entière, car le bénéfice lui appartiendra quoi qu'il arrive. Il semble, en effet, qu'à la différence de ce qui se passe pour l'as-

---

(1) En fait, le rachat sera souvent demandé, car les deux intéressés, le bénéficiaire et l'assuré, unis presque toujours par les liens d'une affection réciproque, consentiront mutuellement à ce qu'il soit exercé. C'est donc seulement dans le cas de conflit entre eux que le rachat ne pourrait pas avoir lieu.

surance mixte pure et simple, l'assuré ait voulu ici que le tiers touche, dans tous les cas, le capital convenu, alors même qu'il vivrait lui-même à l'échéance. Le droit du bénéficiaire n'est donc pas subordonné ici à la condition du prédécès du stipulant ; au cas de non paiement des primes, il pourrait donc exercer le rachat.

Il faut remarquer toutefois que le rachat lui est interdit après la mort de l'assuré (1).

La jurisprudence n'a jamais eu l'occasion, à notre connaissance du moins, de statuer sur un cas de cette nature. Il est bien possible qu'il ne fasse toujours partie que du domaine de l'hypothèse.

Après les droits des bénéficiaires, voyons ceux des créanciers.

SECTION II

LES CRÉANCIERS DE L'ASSURÉ.

Aux termes de l'article 2092 du Code civil, les créanciers ont un droit de gage général sur tous les biens formant le patrimoine de leur débiteur, mais uniquement sur ceux-là. D'autre part, d'après l'article 1166, ils « peuvent exercer tous les droits et actions de leur

(1) Voir page 106.

« débiteur, à l'exception de ceux qui sont exclusive-
« ment attachés à la personne ». Enfin, l'article 1167
les autorise à attaquer en leur nom personnel « les
actes faits par leur débiteur en fraude de leurs droits ».

C'est à la lumière des principes posés dans ces textes
fondamentaux que nous chercherons à déterminer quels
sont dans notre matière les droits des créanciers de
l'assuré aux divers points de vue de la continuation
du paiement des primes, du rachat et de la réduction.

Pour plus de clarté, nous distinguerons deux hypothèses.

1ʳᵉ hypothèse. — Le bénéficiaire du contrat d'assurance a accepté.

La solution dans ce cas est simple. Nous avons vu
que c'est à ce tiers seul et non à l'assuré que revient le
droit de continuer le paiement des primes, s'il le juge
utile, celui d'exercer à son gré le rachat ou la réduction et de s'en attribuer le profit. Comme un créancier
ne saurait avoir plus de droits que son débiteur, il est
certain qu'en présence d'un bénéficiaire, dont le droit
serait devenu irrévocable par l'acceptation, il ne serait
pas fondé à élever valablement une prétention quelconque sur l'un des chefs qui viennent d'être mentionnés.
Tous ces droits ont cessé de faire partie du patrimoine
de son débiteur ; ils comptent désormais dans un patrimoine étranger.

C'est donc avec raison qu'un arrêt de la cour de

Montpellier (1) a décidé dans notre hypothèse que le syndic n'est pas en droit d'exercer le rachat. La même remarque est également applicable à l'arrêt précité de la Cour de cassation du 8 avril 1895 (D. P. 95, 1, 443), qui a dénié au syndic le droit de demander au profit des créanciers le rachat de deux assurances en cas de décès acceptées par les bénéficiaires. Cet arrêt confirmait un jugement du tribunal de commerce de Châlons-sur-Marne (D. P. 95, 1, 441) et réformait, au contraire, la décision de la cour de Paris rendue sur appel de ce jugement (D. P. 95, 1, 441).

Mais, c'est à tort, à notre avis, que le même arrêt du 8 avril 1895 a reconnu au syndic le droit au rachat pour une assurance mixte, également acceptée par les bénéficiaires, sous le prétexte que la condition du décès à laquelle était subordonné la vocation des tiers ne s'était pas réalisée et que le bénéfice de l'assurance n'avait pas cessé dès lors de faire partie du patrimoine du stipulant.

En effet, outre que cet argument est inexact, car le droit du bénéficiaire, bien que conditionnel, n'en existe pas moins et sera même censé, si la condition se réalise, n'avoir jamais fait partie du patrimoine du stipulant, le rachat d'une assurance mixte ne peut, nous avons dit pourquoi, être exercé par l'assuré ou par le

(1) 15 mars 1886, *Journ. des assur.*, 86, 208 ; Dalloz, Jpr. gén. supp. vᵒ, Ass. terrestres, nᵒ 448.

bénéficiaire dès l'instant de la cessation du paiement des primes. L'assuré n'ayant donc pas encore ce droit dans son patrimoine, il est certain que ses créanciers ou le syndic n'auraient pas dû être admis à l'exercer. La décision du tribunal de Châlons-sur-Marne, qui refusait au syndic le rachat même d'une assurance mixte, était supérieure sur ce point, à notre avis, à celle rendue par la cour suprème.

Les créanciers ou le syndic ne pourraient tout au plus racheter qu'en cas de prédécès du bénéficiaire à l'assuré ; on verra d'ailleurs plus loin que, même dans ce cas, il y aurait lieu pour d'autres raisons de leur refuser ce droit.

Mais si les créanciers ou le syndic, en présence d'un tiers acceptant, se heurtent à son droit exclusif sur la réserve, ils pourront cependant, par une voie détournée, recouvrer sous certaines conditions tout ou partie des sommes aliénées par leur débiteur pour le maintien du contrat d'assurance et aboutir à une restitution qui, en définitive, leur sera parfois plus avantageuse que celle qu'ils auraient obtenue en exerçant le rachat.

Nous voulons parler de l'action paulienne. Mais elle ne sera intentée avec succès que si les conditions suivantes sont remplies, et il faut avouer qu'elles sont de nature à ne se rencontrer que rarement dans la pratique.

Il faudra d'abord que leur débiteur ait créé ou augmenté son insolvabilité par le paiement des primes. Ceci se produira lorsque, ses revenus n'étant pas suffisants pour former la prime, il aura prélevé sur son capital le complément nécessaire pour la constituer, ou lorsqu'il est au-dessous de ses affaires, car il n'a plus alors le droit de disposer de ses revenus *lautius vivendo*. Mais tant qu'il est au-dessus de ses affaires, que son actif est supérieur à son passif, il a droit de dépenser, comme bon lui semble, ses revenus ; il est libre de les employer à la constitution d'une assurance ; c'est une opération sage ; il aurait pu les employer de toute autre manière. Un débiteur ne doit pas diminuer son patrimoine, mais il n'est pas tenu de l'augmenter ; le gage des créanciers ne porte pas sur ses revenus. La question de savoir s'il y a *préjudice* est, du reste, une pure question de fait à résoudre par le juge dans chaque espèce.

A côté du préjudice, de l'*eventus fraudis*, il faudra de plus, pour que l'article 1167 s'applique, le *consilium fraudandi*. L'assuré devra avoir eu conscience, en versant les primes, qu'il causait un préjudice à ses créanciers, qu'il créait ou augmentait son insolvabilité.

L'action révocatoire sera dirigée contre le tiers, car c'est lui qui profite de l'acte attaqué, ce qui entraînera, toutes les fois qu'il s'agira d'un bénéficiaire à titre onéreux, la nécessité pour les créanciers de démontrer que ce tiers a eu également conscience de la fraude.

Il ne suffira pas d'ailleurs aux demandeurs de faire ces preuves diverses pour que toutes les primes versées leur soient restituées. Comme le paiement des primes est facultatif, chaque paiement constitue un acte frauduleux séparé. Le bénéficiaire ne sera donc tenu de restituer que les primes pour lesquelles les preuves exigées auront été faites. Cette solution est d'ailleurs logique, car, au début de l'assurance, les primes ont pu être payées sans fraude aucune, peut-être pendant longtemps, le débiteur étant à ce moment dans une large aisance.

L'action paulienne n'étant, du reste, d'après l'opinion généralement admise, prescriptible que par 30 ans, les créanciers pourraient réclamer la restitution d'un grand nombre de primes et percevoir une somme bien supérieure à celle que le rachat leur aurait procurée. C'est à la condition toutefois que leurs créances soient antérieures à l'acte attaqué.

C'est donc seulement en se fondant sur l'article 1167 que les créanciers pourront élever une prétention quelconque en présence d'un tiers ayant accepté. En sera-t-il de même dans notre deuxième cas ?

2° hypothèse. — Le bénéficiaire de l'assurance n'a pas été désigné, ou bien s'il l'a été, il n'a pas encore accepté ; ou bien enfin, les bénéficiaires n'étant désignés que par une expression vague, il y a lieu de dire que l'assurance a été souscrite au profit de personnes indéterminées.

Quels vont être les droits des créanciers en présence d'une pareille situation ?

Ils ne vont plus se trouver en présence d'un tiers ayant un droit irrévocable. Leur débiteur a encore en son plein pouvoir l'exercice de tous les droits que l'assurance fait naître. Seront-ils maîtres de les exercer à leur tour, si leur débiteur se refuse à leur en accorder le profit ?

Deux situations principales seront successivement envisagées :

1ᵉʳ cas. — L'assuré cesse le paiement des primes.

S'il exerce le rachat à son profit, cette somme tombera dans son patrimoine et deviendra le gage de ses créanciers ; il est donc probable que pratiquement il n'y aura jamais de difficulté dans ce cas.

Mais s'il laisse opérer la réduction, seront-ils fondés à exercer le rachat ou à continuer le paiement des primes ?

Et d'abord pourraient-ils racheter ? Comme ils ne pourraient en pareil cas fonder leurs prétentions que sur l'article 1166, il faut voir si les conditions exigées par cet article, pour qu'un créancier puisse exercer les droits de son débiteur, se rencontrent dans notre hypothèse.

On s'accorde en premier lieu à admettre que le créancier n'est autorisé à agir que si son débiteur néglige ou refuse de le faire (1). Or, tel n'est pas ici le

____

(1) Demolombe : *Traité des contrats*, tome II, n° 94 ; — Aubry et

cas. L'assuré n'a pas négligé d'agir ; il a laissé opéré la réduction ; en ne manifestant aucune volonté contraire, il a tacitement consenti à ce que cette opération s'accomplisse. Donc, à ce premier titre déjà, l'action du créancier ne serait pas recevable.

Mais serait-il admis à critiquer l'option faite, à soutenir que l'assuré aurait dû exercer le rachat ? Pas davantage. Il s'agit ici, en effet, d'une de ces *pures facultés* ou *droits d'option*, dont l'exercice est personnel au débiteur. Ses créanciers n'ont pas le droit de prendre parti à sa place et contre sa volonté (1).

Assurément, ils ont pu compter que leur débiteur exercerait le rachat à son profit et que cette valeur deviendrait ainsi leur gage, mais ils ne peuvent critiquer le choix qu'il a fait. S'il a opté pour la réduction, c'est qu'il y a été poussé par des considérations personnelles que ses créanciers n'auraient pas fait entrer en ligne de compte et dont seul il devait rester juge. Incapable à l'avenir de prélever des primes suffisantes sur ses revenus annuels, il n'a pas voulu que ceux, en vue desquels il avait contracté l'assurance, en fussent totalement privés désormais. Dans sa pensée, le fruit de ses économies quotidiennes ne doit pas être perdu complè-

Rau : *Cours de droit civil français*, tome IV, § 312, texte et note 2, p. 118 ; — Colmet de Santerre : *Cours analyt. de Code civil*, tome V, n° 81 bis, IV.

(1) Cf. Larombière : *Théorie et pratique des oblig.*, art. 1166, n° 17 ; — Laurent, tome XVI, n°s 424-428.

tement pour eux. A son décès, ils toucheront du moins un capital réduit ; c'est un résultat conforme à ses préoccupations et à ses sentiments les plus chers.

De même qu'il était libre, tant que l'assurance était en cours, d'attribuer le capital assuré à la personne qu'il en jugeait digne, sans que ses créanciers puissent élever aucune prétention contraire, de même, au cas de résiliation du contrat, il doit pouvoir disposer à son gré du bénéfice actuel de l'assurance, dont ses privations antérieures sont la cause.

Qu'on le remarque d'ailleurs : dans la plupart des cas, le bénéfice de l'assurance réduite ne sera pas perdu pour ses créanciers, soit parce qu'il les aura désignés comme titulaires de cette nouvelle assurance, soit parce que, les bénéficiaires de cette assurance étant indéterminés ou n'ayant pas accepté, le capital réduit, payé à son décès, sera considéré comme ayant fait partie de son patrimoine et deviendra leur gage à sa mort.

Serait-il admissible alors de permettre à ces créanciers d'exercer le rachat pour en toucher immédiatement la valeur, qui, on le sait, est proportionnellement bien moindre que celle du capital réduit? Ce serait imposer au débiteur une perte. Son patrimoine retirera du versement ultérieur du capital réduit un avantage bien plus important que de la perception immédiate du montant du rachat; ce serait donc nuire peut-être à l'intérêt des créanciers eux-mêmes.

Une autre considération importante, tirée de l'article

1166 lui-même, s'oppose de plus à l'exercice du rachat par les créanciers de l'assuré : c'est que le rachat est un de ces droits exclusivement attachés à la personne, dont l'action est formellement déniée aux créanciers par cet article.

Ce n'est pas sans doute un de ces droits purement moraux dont l'exercice, de l'avis de tous les auteurs, leur est refusé, mais ce n'est pas non plus un de ces droits exclusivement pécuniaires, qu'ils peuvent exercer sans conteste.

Le rachat leur procurerait assurément un résultat pécuniaire, mais ce n'est pas une raison suffisante pour leur permettre de le demander valablement à l'assureur. La révocation d'une donation serait bien pour eux la source d'un profit pécuniaire ; on s'accorde pourtant à leur refuser le pouvoir de la révoquer pour cause d'ingratitude (1) ; l'acceptation d'une donation faite à leur débiteur (2), ou à l'inverse la révocation d'une offre de donation faite par leur débiteur, leur procurerait aussi un avantage pécuniaire, mais on leur refuse le droit d'agir ici à la place de leur débiteur. C'est que si ces droits sont pécuniaires par leurs résultats, leur exercice nécessite une appréciation intime et toute personnelle que le débiteur est seul en mesure de faire sainement.

(1) Aubry et Rau, tome IV, p. 126, § 312, texte et note 38 et t. VII, p, 418 sv., § 708, texte et notes 17 à 19.

(2) Aubry et Rau, mêmes citations ; — Larombière : *Théorie et pratique des obligations* (n^lle édition), art. 1166, n° 19.

Il en est de même du rachat. C'est aussi un droit qui ne peut être exercé que par le débiteur lui-même ; la décision à prendre dépend de sa seule volonté prépondérante ; un étranger ne saurait être admis à y substituer la sienne.

Un arrêt de la Cour de Rouen (1), en indique avec justesse les raisons. C'est qu'en stipulant la réduction, il y a eu « de la part du père de famille alors *in bonis*
« une disposition... arrêtée par lui en conformité avec
« ses sentiments intimes et pour obéir à des calculs et
« à des préoccupations dont personnellement et seul il
« devait être l'appréciateur souverain et rester le juge ;
« — qu'on se trouve par là même conduit à reconnaître
« que la faculté de rachat par la compagnie, à la demande
« des intéressés, se rattache à un ordre de faits et de
« sentiments, où il paraît impossible d'admettre que la
« volonté d'un tiers puisse devenir prépondérante et se
« substituer à la volonté du père de famille ». Et il faut
« attribuer un caractère tout personnel au droit de ra-
« chat par cette raison qu'en agissant autrement on
« arriverait à mettre indirectement dans les mains du
« créancier, contre les prévisions du contrat. contre
« l'intention et la volonté incontestable de l'assuré, une
« rétractation et une révocation des libéralités voulues
« par celui-ci ».

(1) Du 18 janvier 1884 : D. P. 95, 2, 156, note de M. Dupuich ; S. 86, 2, 225, note de M. Lyon-Caen.

C'est donc dans la catégorie des droits exclusivement attachés à la personne qu'il faut ranger le droit de rachat. Seul, le débiteur est en mesure d'apprécier s'il est opportun de l'exercer ; ses créanciers sont sans droit à cet égard.

La solution contraire aurait d'ailleurs pour conséquence d'entraver dans une large mesure le développement de l'assurance sur la vie, car l'assuré craindrait toujours de voir absorber par ses créanciers le fruit de ses privations de chaque jour, si les circonstances venaient à le contraindre à ne plus payer les primes. Et ses craintes seraient d'autant plus fondées que la valeur de rachat étant facilement réalisable, les créanciers exerceraient le rachat de préférence à toute autre action.

A ces arguments multiples, on pourrait encore, dans bien des cas, en ajouter un nouveau. Toutes les fois que le bénéficiaire de l'assurance est désigné dans la police, l'exercice du rachat a pour conséquence la révocation de l'avantage fait à ce tiers. Or, nous venons de le dire, les créanciers sont sans droit pour révoquer l'offre de libéralité faite par leur débiteur ; solution assurément très sage, car ils agiraient dans un but pécuniaire et non pas pour les motifs que le stipulant aurait pu avoir. Tout le monde est d'accord sur ce point.

On peut ajouter enfin : que le rachat est une convention pour laquelle le consentement de l'assuré est indispensable. Il n'aura droit au remboursement immédiat de sa réserve disponible que s'il le demande ; cette restitution n'a pas lieu de plein droit. Or, si les créanciers peuvent être admis à exercer certains droits de leur débiteur, ils ne peuvent jamais être admis à lui en créer un (1).

Les auteurs s'accordent pour refuser aux créanciers l'exercice du rachat (2).

La jurisprudence a été pendant quelque temps contradictoire. La Cour de Douai avait déclaré (3) « que le « droit au rachat n'est point de ces facultés inhérentes « à la personne même du débiteur, comme le serait « le droit d'agir en séparation de corps ou en pension « alimentaire. » Et la Cour de Paris, dans son arrêt déjà cité du 14 novembre 1890 (4), a considéré « que « ce droit portant sur l'attribution ou l'emploi d'une « somme d'argent ne peut être assimilé à un droit ci« vil ou de famille, spécialement attaché à la person« ne. » Nous avons vu l'insuffisance de pareilles affirmations. Le rachat n'a pas seulement un caractère pécuniaire.

La Cour de Rouen, au contraire, dans son arrêt pré

______

(1) Larombière : art. 1166, no 18.

(2) V. Lefort, tome II, page 287 sv. et les auteurs qu'il cite page 290, note 2 ; — Lyon-Caen, note au Sirey, 86, 2, 225 ; — Dupuich, note au Dalloz, 95, 1, 441 ; — Huvelin : *Annales de dr. commercial*, 95, 1, 77.

(3) Arrêt du 28 mars 1887, *Rec. périod. des assur.*, 88, 200.

(4) D. P. 95, 1, 443 ; *Journ. des ass.*, 91, 129 ; *Rec. périod. des ass.*, 90, 246. — Voir dans le même sens : Cour de Paris, 5 mars 1873, *Jour. des ass.*, 73, 288 ; — Cour de justice de Genève, 10 janvier 1887, S. 88, 4, 13 ; D. P. 95, 2, 153 en sous-note.

cité du 18 janvier 1884 (1) a reconnu le caractère de personnalité au droit de rachat. Le tribunal civil de Genève (2), la Cour de Montpellier (3), le tribunal de commerce de Châlons-sur-Marne (4), le tribunal civil de Quimper (5) ont statué dans le même sens. Enfin, la Cour de cassation (6), tranchant d'une façon définitive sans doute le conflit de jurisprudence, a refusé aux créanciers le pouvoir d'exercer le rachat d'une assurance pure et simple.

Mais c'est à tort, d'après nous, qu'elle les a autorisés à l'exercer, si l'assurance est mixte. Dans l'espèce où statuait la Cour, le bénéficiaire avait accepté ; nous avons dit plus haut que, dans ce cas, le rachat ne pouvait être exercé ni par l'assuré, ni par le tiers ; à notre avis, la question de son exercice par les créanciers ne se posait donc même pas.

Mais supposons, en restant dans l'hypothèse que nous envisageons en ce moment, que l'assurance mixte ait été contractée au profit de tiers indéterminés ou au profit d'un tiers n'ayant pas accepté. L'assuré peut certainement alors exercer le rachat ; ses créanciers le pourront-ils à sa place ?

(1) Voir page 143.

(2) 29 octob. 1886. D. P. 95, 2, 153 en sous-note ; S. 87, 4, 13.

(3) 15 mars 1886. *Journ. des ass.*, 86, 208.

(4) 22 août 1889, D. P. 95, 1, 441 ; *Rec. périod. des ass.*, 90, 254 ; *Jour. des ass.*, 91, 130.

(5) Jugement du 2 mai 1893 ; D. P. 95, 2, 156.

(6) Arrêt du 8 avril 1895. D, P. 95, 1, 443 ; S. 95, 1, 267.

Pas davantage que dans l'assurance en cas de décès. D'abord parce que la réduction s'opérant de plein droit, leur débiteur n'a pas négligé ou refusé d'agir ; et, en outre, parce que, pour les mêmes motifs que dans l'assurance pure et simple, le choix entre la réduction et le rachat dépend de considérations personnelles qu'un tiers n'est pas en mesure d'apprécier à la place du véritable intéressé. Le rachat est aussi dans l'assurance mixte un droit attaché à la personne.

De même que le rachat, la réduction présente le caractère de droit personnel ; les créanciers n'auraient pas plus le droit d'opter pour elle que contre elle. Ce point ne présente d'ailleurs aucun intérêt pratique, car, outre que les créanciers préféreraient presque toujours le rachat à cause du profit immédiat qu'il procure, ils ne seraient jamais pour l'exercer dans les conditions exigées par l'article 1166, car leur débiteur aurait agi en demandant le rachat.

Si maintenant, embrassant la question dans son ensemble, nous l'envisageons d'un point plus élevé, nous arrivons aux conclusions suivantes : que la valeur de réserve d'une assurance en cas de décès ou mixte, non acceptée par un bénéficiaire (on sait que pour les assurances en cas de vie il n'y a pas de rachat), est à la disposition de l'assuré seul, qu'elle ne figure pas encore dans son patrimoine et que ses créanciers sont sans droit sur elle.

C'est une créance qui provient de ses économies quotidiennes, faites dans une vue généreuse et dans les limites que lui permet l'équité. Si le contrat d'assurance avait suivi son cours, elle n'aurait pas pris naissance ; les ayants-cause de l'assuré n'auraient donc jamais pu élever aucune prétention sur elle, pas plus qu'ils ne pourront en élever une à l'échéance sur le capital assuré, toutes les fois que le bénéficiaire aura accepté. Serait-il juste alors de les autoriser à en disposer à leur profit, précisément au jour où leur débiteur, contraint par les circonstances à arrêter son contrat d'assurance, éprouvera plus que jamais peut-être le désir de conserver au moins une assurance réduite au profit de ceux qui lui sont chers et pour lesquels il avait contracté ?

C'est une valeur dont il doit avoir la libre disposition. Nul n'a dû compter sur elle. S'il juge utile d'opérer le rachat à son profit, soit parce que le tiers qu'il avait en vue est désormais dans l'aisance, soit parce qu'il l'a reconnu indigne de son bienfait, soit pour toute autre raison, la réserve tombera dans son patrimoine ; c'est un boni pour ses créanciers, qui n'étaient pas en droit de l'exiger. Mais s'il estime, à l'inverse, qu'il faut opter pour la réduction, c'est avec pleine liberté qu'il doit pouvoir le faire, sans avoir à subir l'opposition de personne.

Tant qu'aucun tiers n'en a accepté le bénéfice, tout ce qui touche au contrat d'assurance sur la vie revêt un caractère éminemment personnel. C'est un contrat qui, par certains côtés, touche aux dispositions testamentaires et comme dans ces dernières, la volonté du disposant doit être prépondérante et respectée.

Il faut réserver, du reste, pour que la décision soit équitable, le droit pour les créanciers de demander le rachat du contrat ou, si la réduction a eu lieu, le rachat du contrat réduit, toutes les fois que l'assuré aura agi en fraude de leurs droits (art. 1167); ce qui arrivera lorsqu'il aura versé les primes, alors qu'il était au-dessous de ses affaires ou qu'il aura, ses affaires étant encore prospères, prélevé sur ses capitaux une partie des primes. La réduction pourrait même être annulée, si la compagnie était complice de la fraude, ce qui serait d'ailleurs difficile à établir. Un débiteur est sans droit pour diminuer le gage de ses créanciers.

Quant à la deuxième question que notre hypothèse soulève : les créanciers peuvent-ils continuer le paiement des primes contre la volonté de l'assuré ? nous en chercherons la solution en examinant les droits du syndic, car une prétention de cette nature n'est susceptible d'être élevée en pratique que par les créanciers en masse, au moment où l'insolvabilité de leur débiteur est constatée. Les principes qui viennent d'être établis nous seront, du reste, fort utiles, pour découvrir la solution à intervenir.

Et nous arrivons ainsi au :

2° cas. — L'assuré continue le paiement des primes. Est-ce que ses créanciers peuvent demander à la compagnie la résiliation de l'assurance en cours pour toucher, par exemple, le montant du rachat ?

La négative est certaine. D'abord, il n'y a résiliation que si le paiement n'est pas fait dans les délais convenus. En outre, l'option entre la réduction et le rachat n'est pas au pouvoir des créanciers : l'exercice de l'une ou de l'autre de ces combinaisons est personnel à l'assuré, qui seul peut disposer de la réserve.

Leur intervention aboutirait d'ailleurs, toutes les fois qu'un bénéficiaire aurait été désigné, à la révocation d'une offre de libéralité faite par leur débiteur, et ils sont sans droit pour le faire.

Il faut remarquer, du reste, que le maintien du contrat d'assurance n'est pas susceptible de leur causer préjudice, car la continuation du versement des annuités implique que leur débiteur a d'autres biens sur lesquels ils pourront se faire payer.

C'est donc avec raison que le tribunal civil de Genève (1) avait repoussé dans une hypothèse analogue la prétention d'un créancier, « attendu que l'arti-« cle 1166 ne saurait donner au créancier le droit « d'obliger son débiteur à résilier un contrat auquel il « tient et qu'il estime lui être avantageux ou à ses hé-« ritiers, afin de le rendre immédiatement créancier « d'une indemnité de résiliation qu'il pourrait saisir à « son profit. »

_____

(1) 29 octobre 1886 ; D. P. 93, 2, 153, en sous-note.

Mais ils auraient la ressource de faire annuler le paiement des primes fait en fraude de leurs droits (art. 1167).

Quelle que soit donc l'hypothèse que l'on suppose, les créanciers d'un assuré, ayant agi de bonne foi, sont sans droit tant pour provoquer la résiliation du contrat d'assurance que pour élever une prétention quelconque à l'égard de la réserve.

SECTION III

LE SYNDIC ET LA FAILLITE.

L'assuré tombe en faillite, l'assurance étant encore en cours. Quels seront les droits du syndic ? Pourra-t-il maintenir le contrat en continuant le paiement des primes contre la volonté de l'assuré, s'il juge l'opération avantageuse pour la masse? faire vendre la police aux enchères? opter pour le rachat sans l'assentiment du failli? Tous ces problèmes sont très pratiques, car beaucoup de commerçants contractent des assurances sur la vie.

Leur solution est évidente si le bénéficiaire a accepté (1). Le syndic a bien l'exercice des droits du failli,

(1) L'acceptation peut valablement intervenir, d'ailleurs, même

mais uniquement de ceux-là. Or l'acceptation, nous l'avons établi, a eu pour effet de faire passer dans le patrimoine du tiers les droits dont il est ici question. On peut remarquer, du reste, que dans ces circonstances le syndic ne demandera jamais à continuer le paiement des primes, car les créanciers n'auraient aucun droit sur l'indemnité qui serait versée au décès de l'assuré (1).

Nous supposons donc une assurance souscrite au profit de tiers indéterminés ou d'un tiers n'ayant pas encore accepté.

Le syndic doit chercher à augmenter par tous les moyens en son pouvoir l'actif de la masse. Or, le rachat, la vente de la police aux enchères, si elle paraît être plus avantageuse que lui, ou la continuation du paiement des primes, si le capital assuré doit servir à désintéresser les créanciers, sont autant de combinaisons lui permettant d'arriver au but qu'il poursuit. Il semble donc de prime abord qu'il pourrait les exercer. Il n'en est rien pourtant, car ces droits ne sont pas purement pécuniaires. Leur action est subordonnée à une appréciation individuelle, à une question d'intention toute personnelle, que l'assuré seul peut valablement manifester. Le dessaisissement ne frappe que les biens

après la faillite. Cf. en ce sens : cass. 8 février 1888 ; S. 88, 1, 129 ; D. P. 88, 1, 201 ; — Cass. 27 mars 1888 ; S. 88, 1, 130 ; D. P. 88, 1, 199.

(1) Cf. page 111.

du débiteur, et non sa personne, ni les droits qui lui sont exclusivement attachés.

Ce caractère de personnalité, nous l'avons montré pour le rachat ; il est inutile d'y insister ici. Seul, le failli a le droit d'examiner s'il y a lieu de le demander à l'assureur. A lui seul appartient le pouvoir de juger s'il n'est pas préférable, au lieu d'affecter le montant de la réserve à l'augmentation de l'actif de la faillite, de laisser opérer la réduction pour ne pas laisser dénués de toutes ressources les êtres qui lui sont chers.

La valeur de réserve, provenant d'économies antérieures qu'il n'était pas légalement tenu de faire, est à sa libre disposition. La révocation des mesures qu'il a prises dans un intérêt de famille ou d'affection ne peut être à la merci d'un tiers, qui serait tenu presque toujours de les rétracter. Si le syndic était maître d'exercer le rachat, c'est, en effet, la combinaison pour laquelle il devrait opter dans la majorité des cas (1).

En fait, le failli exercera d'ailleurs le rachat dans bien des cas, car il voudra s'attirer la bienveillance des créanciers et du syndic, surtout s'il espère un concordat.

On a reconnu parfois au syndic, autorisé par le juge-

_____

(1) Il faut remarquer qu'on ne peut pas se prévaloir ici, pour refuser le rachat au syndic, de ce que cette opération exige le consentement de l'assuré, car le syndic a le droit de passer toutes les conventions que ses fonctions d'administrateur du patrimoine du failli lui imposent.

commissaire, le droit de racheter, conformément à l'article 487 du Code de Commerce qui permet aux syndics de conclure des transactions, pour abréger la durée des faillites (1). C'était au point de vue du droit une erreur manifeste. Le rachat n'est point destiné à éteindre une contestation déjà née ou à prévenir une contestation à naître (art. 2044 C. civ.). Il est la conséquence de la résiliation d'un contrat ; il n'est pas une transaction. Vu sous cet aspect, le rachat aurait quelque chose d'immoral.

Aujourd'hui, les compagnies exigent pour l'exercice du rachat par le syndic le consentement de l'assuré. La jurisprudence est dans ce sens (2).

Mais, s'il ne peut racheter, le syndic pourra-t-il au moins continuer le paiement des primes? Il n'y a pas de doute si l'assuré y consent. Peu importe à la compagnie que les primes lui soient versées par le contractant lui-même ou par un autre à sa place. En fait, l'assuré ne repoussera guère une proposition de cette nature, car il est dans son intérêt de se ménager la bienveillance de ses créanciers, et il leur promettra qu'à son décès le bénéfice de l'assurance servira à les désintéresser.

Il pourrait arriver pourtant que le failli refusât au syndic cette autorisation, afin, par exemple, d'attribuer

____

(1) En ce sens: Cour de Paris, 14 mars 1873, *Journ. des ass.*, 73, 288.

(2) Cf. cass., arrêt précité du 8 avril 1895.

à un bénéficiaire exclusif le montant de la réduction. Est-ce que le représentant des créanciers pourrait alors maintenir le contrat malgré cette volonté contraire ?

Nous ne le croyons pas, non pas, comme on le dit souvent, parce qu'une assurance ne peut être conclue sur la tête d'un tiers qu'autant qu'il y consent (nous avons dit que cette exigence ne nous semblait pas fondée (1), mais parce que le contrat d'assurance sur la vie et les droits qu'il confère sont essentiellement personnels, que toutes les décisions le concernant ne peuvent être prises que par l'assuré lui-même. C'est un contrat qui n'a pas pour objet des biens ou des droits formant le gage de la masse. Or, il faudrait cette condition pour que le syndic soit admis à continuer le contrat arrêté, sans avoir à se prémunir de l'assentiment du failli.

Reconnaître ce droit au représentant des créanciers, ce serait priver l'assuré du droit d'attribuer le capital réduit au tiers en vue duquel il a contracté ; ce serait lui enlever la possibilité de transmettre immédiatement à ce bénéficiaire l'assurance qui est encore en cours, afin que ce dernier continue le versement des annuités ; ce serait lui retirer le droit de disposer à sa guise de la réserve.

En accordant au syndic la faculté de continuer le paiement des primes sans l'assentiment de l'assuré,

(1) Voir page 125.

on lui donnerait le droit de disposer en maître
de la réserve ! Il faudrait logiquement en déduire
qu'il pourrait, contrairement à ce qui a été établi,
exercer à son choix le rachat ou la réduction ; ce qui
impliquerait également le pouvoir de révoquer à son
gré les bénéficiaires désignés pour leur en substituer
d'autres, les créanciers. Il faudrait décider que l'assuré
n'est plus maître désormais de son contrat d'assurance,
car, si on lui reconnaissait encore le droit de révocation et d'attribution du bénéfice, il n'aurait qu'à désigner un nouveau bénéficiaire, pour que les prétentions
des créanciers sur l'indemnité s'évanouissent. Tous ces
résultats s'enchaînent.

On en arriverait ainsi à méconnaître au contrat d'assurance sur la vie son caractère de personnalité : à perdre
de vue le but pour lequel il a été conclu ; à ne pas respecter la volonté d'un individu, qui a sagement agi en
employant une partie raisonnable de ses revenus à une
opération aussi généreuse et aussi respectable qu'une
assurance sur la vie ; à nuire enfin au développement
de cette institution utile.

C'est aussi pour les mêmes raisons qu'il faut dénier
au syndic le droit de vendre la police aux enchères sans
le consentement du failli. Il n'a pas qualité pour donner
son assentiment à sa place. Il ne peut disposer à son
gré du contrat d'assurance (1). Un jugement du tribu-

(1) Pour les mêmes motifs, le droit d'emprunter sur la police jus-

nal civil de la Seine du 1er décembre 1876 (1) a statué
en ce sens : « la compagnie a un intérêt manifeste et
« actuel à ne pas permettre une adjudication qui chan-
« ge la nature du contrat, altère sa moralité et peut
« éloigner les assurés. »

Si, au lieu d'une assurance en cas de décès, il s'agissait d'une assurance mixte ou d'une assurance à terme
fixe, les droits du syndic sur ce contrat ne seraient pas
plus étendus. Tout ce qui se rapporte à cette convention dépend aussi de considérations purement personnelles que le contractant seul est en mesure d'envisager (2).

· Concluons maintenant : la valeur de réserve d'une assurance en cas de décès ou d'une assurance mixte ne
fait pas partie du gage des créanciers d'un failli. Elle
est trop intimement liée à ces contrats essentiellement
personnels pour avoir un autre caractère. Elle ne figure
pas encore pécuniairement dans le patrimoine du failli ;

qu'à concurrence de la valeur de rachat doit lui être également refusé. S'il avait ce droit, il arriverait indirectement au même résultat
en fait qu'en exerçant le rachat : à la révocation du bénéfice. Comme
les autres droits que confère le contrat d'assurance, la faculté d'emprunt doit être personnelle.

(1) S. 86, 2, 227, en sous-note ; — Bonneville de Marsangy, 3,
216.

(2) Dans l'arrêt du 8 avril 1895, la Cour de cassation, tout en refusant au syndic le rachat d'une assurance pure et simple, lui a reconnu
ce droit quand il s'agit d'une assurance mixte ; nous avons critiqué plus
haut cette décision (v. p. 135).

elle pourra seulement y figurer peut-être, si tel est le vouloir de l'assuré. Mais elle pourra fort bien ne jamais y accroître et se fixer définitivement un jour dans un patrimoine étranger, dont elle sera censée alors avoir toujours fait partie. C'est ce qui arrivera notamment si la réduction a lieu au profit d'un bénéficiaire qui accepte ou si le tiers continue à son profit le paiement des primes.

Et cette solution n'a rien de contraire à l'équité. La réserve provient, en effet, d'une part, d'une retenue sur les primes annuelles que l'assuré a acquittées dans les limites de son droit, en vue d'en attribuer le bénéfice à une personne qu'il en jugeait digne ; et d'autre part, du partage des réserves des assurés morts ; à ce second titre, elle est un bénéfice de l'association et doit naturellement profiter à celui en vue duquel l'assurance a été conclue, si du moins telle est encore la volonté du disposant. Elle n'est point une capitalisation au profit de l'assuré ; elle procède du fonctionnement de l'assurance sur la vie. Les créanciers n'ont pas main-mise sur elle ; ils ne peuvent intervenir dans un contrat tout personnel (1). La solution inverse aurait pour résultat,

---

(1) Sous réserve toutefois de l'article 1167, qui recevrait son application, si l'assuré, suivant les distinctions qui ont été établies (v. page 137), avait versé les primes en fraude des droits de ses créanciers. Si la preuve nécessaire était faite, le syndic pourrait faire annuler la réduction ou le maintien du contrat au profit du tiers, à moins que ce dernier ne s'offre à rembourser à la masse ce qui a été indû-

en nuisant au développement de l'assurance sur la vie, de l'empêcher de répandre ses bienfaits.

Mais nous avons jusqu'ici négligé de parler de toute une catégorie d'assurances, les assurances en cas de vie. Les pouvoirs du syndic seraient-ils les mêmes ici ? Non, à notre avis, ils devraient être tout différents.

En effet, l'assuré a voulu se garantir dans l'avenir une valeur pour lui-même. Pas de question ici d'attribution ou de révocation du bénéfice ; le titulaire du capital futur, c'est le souscripteur en personne.

Le représentant des créanciers a les éléments nécessaires ici pour juger s'il convient d'arrêter ou de maintenir l'assurance en cours. Comme on le sait déjà, il n'y est, du reste, jamais question de rachat, mais seulement de réduction. On peut considérer la police comme faisant partie des biens qui constituent le gage des créanciers et les droits qui dérivent du contrat comme dévolus au syndic.

Les primes que l'assuré a versées à la compagnie n'ont pas été, comme dans l'assurance en cas de décès, consommées annuellement pour la plus grande partie ; elles ont été capitalisées par l'assureur dans la caisse commune. L'opération faite par le preneur d'assurances ressemble à un placement ; mais il y a quelque chose

ment versé. La question de savoir s'il y a eu préjudice et fraude n'est d'ailleurs qu'une pure question de fait à résoudre par le juge dans chaque espèce.

de plus, l'*aléa*, en vertu duquel il n'aura droit à rien s'il meurt avant l'âge fixé, en vertu duquel, au contraire, il touchera, outre les sommes qu'il a versées et leurs intérêts, les capitaux qui lui reviendront dans le partage avec ses co-associés des réserves des assurés morts.

C'est pourquoi le bénéfice de la réduction, si le contrat est résilié, ou l'indemnité, s'il arrive à échéance, appartiennent aux créanciers. Si le failli avait employé une partie de ses revenus à l'achat de valeurs financières, ces valeurs seraient le gage de ses créanciers ; il en sera de même ici, puisqu'aucune considération exclusivement personnelle ne s'y oppose. C'est au syndic que reviendra donc le droit de dire quel parti il faut prendre : la réduction ou la continuation du contrat. Son avis doit prévaloir. Si le failli s'opposait à la continuation du paiement des primes, ce qui ne serait que de la mauvaise foi, le syndic pourrait passer outre et l'assureur ne serait pas fondé à s'opposer à cette prétention.

L'assurance en cas de vie diffère profondément de l'assurance en cas de décès par son fonctionnement, par son but, par la place qu'elle doit prendre dans le patrimoine de l'assuré. Les droits qu'elle confère ne sont pas personnels ; ils sont purement pécuniaires.

SECTION IV

LES CRÉANCIERS DU BÉNÉFICIAIRE.

Comme un créancier ne peut avoir plus de droits que son débiteur, il est clair que les créanciers d'un bénéficiaire, qui n'aurait pas encore accepté, ne pourraient prétendre, au cas de cessation de versement des primes par l'assuré principal, à l'exercice du rachat ou de la réduction, puisque leur débiteur lui-même ne serait pas fondé à y prétendre.

Mais ne pourraient-ils pas au moins, dira-t-on, arriver à ce résultat d'une façon détournée, en acceptant à la place de leur débiteur? Nullement : ils n'ont pas le pouvoir d'accepter l'offre gracieuse faite à leur débiteur, pas plus qu'ils n'auraient celui d'accepter à sa place une donation qui lui aurait été faite (1). Il s'agit là, en effet, de questions de haute convenance, de considérations purement personnelles, qu'ils ne peuvent apprécier ; il ne leur appartient pas de lier leur débiteur par une dette de reconnaissance contre sa volonté (2).

Mais, par hypothèse, le bénéficiaire a accepté ; son

(1) Demolombe : *Traité des donations*, tome III, n° 153 ; — Aubry et Rau, t. VII, § 632, texte et note 18, p. 64.

(2) Cf. en ce sens : trib. civ. de Quimper, 2 mai 1893 ; D. P. 93, 2, 156.

droit est devenu irrévocable. Si le stipulant cesse le paiement des primes, c'est à ce tiers, avons-nous dit plus haut (1), que revient le droit de choisir entre le rachat, la réduction ou le maintien du contrat ; c'est à lui que reviendra dans tous les cas le bénéfice de l'opération. Quels seront donc, si pareille éventualité se réalise, les droits de ses créanciers ? N'auront-ils pas plus de droits que les créanciers de l'assuré lui-même, lorsque l'attribution du bénéfice n'est pas devenue encore irrévocable ? Faut-il décider que les droits qu'ils prétendent exercer sont attachés à la personne ? Ou bien, au contraire, ne faut-il pas reconnaître que ces droits revêtent ici un caractère purement pécuniaire ?

C'est cette dernière idée qui doit à notre avis prévaloir. Les droits qui naissent pour le bénéficiaire acceptant (2) lors de la cessation du paiement des primes sont exclusivement pécuniaires. Pour exercer le rachat ou la réduction, pour maintenir le contrat, il n'y a qu'un point de vue à envisager : quelle combinaison lui est la plus profitable, étant donné sa situation actuelle. Il n'a pas, comme l'assuré, à faire entrer en ligne de compte des questions d'attribution ou de révocation de bénéfice. Le profit de l'assurance, quelque combinaison qu'il adopte, figurera dans son patrimoine. La décision à prendre n'est donc pas nécessairement personnelle ici.

Elle pourra être valablement formulée par ses créan-

______

(1) Voir page 118.
(2) Qu'il soit à titre gratuit ou à titre onéreux, peu importe.

ciers ou pour parler plus exactement par le syndic. Nous disons par le syndic ; en effet, tant que le tiers ne sera pas en état de faillite, les conditions exigées par l'article 1166 ne seront jamais réunies, car il sera censé avoir toujours agi, puisque la réduction s'opère de plein droit.

Les droits que lui confère le contrat d'assurance seront donc soumis au gage de ses créanciers ; il en sera dessaisi (art. 443 al. 1 C. com.). S'il y a lieu de prendre une décision quelconque, ils pourront juger en connaissance de cause (1) et le syndic pourra être valablement autorisé par le tribunal à traiter du rachat de la police sur délibération conforme des créanciers (art. 570 C. com.).

Tant que ces droits sont dans le patrimoine de l'assuré, ils sont revêtus d'un cachet de personnalité. Dès qu'ils tombent dans le patrimoine du bénéficiaire, ils en sont dépourvus pour n'être plus qu'exclusivement pécuniaires.

En dehors du cas de cessation de paiement des primes, les polices d'assurances mixtes et en cas de décès prévoient la restitution de la valeur de rachat, si trois primes au moins ont été acquittées, pour les cas d'ag-

_____

(1) Ils n'auront pas, du reste, plus de droits que leur débiteur ; ils ne pourront agir, par conséquent, qu'au cas de cessation de versement des primes par l'assuré. Il a été établi plus haut que, juridiquement et en fait, il est impossible qu'il en soit autrement. V. page 120, note 1, et p. 122.

gravation du risque : duel, suicide, condamnation judiciaire, voyages et séjours hors de certaines limites, exercice de la profession de marin. Dans ces divers cas, la compagnie tient compte aux ayants-droit de la valeur qu'elle aurait payée, si le rachat avait été demandé la veille du fait considéré.

Mais ce qu'il faut remarquer, c'est que, dans toutes ces hypothèses, le contrat n'est pas résilié comme au cas de cessation de paiement des primes ; il est résolu pour inexécution des engagements de l'assuré (art. 1184 C. civ.) et, en conséquence, rétroactivement anéanti. Tout doit être remis au même état que si le contrat n'avait jamais existé.

L'attribution au bénéficiaire devient donc non avenue. La valeur de rachat (il n'y a jamais lieu dans ces cas à réduction) devient le gage des créanciers, car, le contrat étant anéanti, il n'est plus question d'attribution ni de révocation de bénéfice, ni par suite de droits personnels à l'assuré.

Tout n'est pas rétabli pourtant dans le même état qu'auparavant : l'assureur n'a pas à restituer les primes qui ont été consommées ; c'est une conséquence forcée du fonctionnement moderne de l'assurance sur la vie. Mais nous ne pouvons qu'effleurer ici cette question ; un examen plus approfondi sortirait du cadre de cette étude, qui n'a pour objet que la résiliation du contrat d'assurance par suite de la cessation du paiement des primes.

RÉSUMÉ ET CONCLUSIONS

—

Il nous semble utile, au terme de cette étude, de résumer en quelques formules les idées principales auxquelles nous avons abouti. Certaines pourront paraître trop avancées, d'autres trop arriérées peut-être. Notre excuse sera qu'il est difficile d'émettre toujours avec précision l'idée juste, le point de vue exact dans une matière ou les idées sont encore en pleine évolution. Quand elles auront vieilli, quand elles se seront éclaircies par la discussion, il sera plus aisé de déterminer et d'établir avec certitude la solution juridique véritable. On affirme avec plus d'autorité, quand le terrain, après avoir été maintes fois battu, est devenu plus solide.

Voici dans leurs grandes lignes les conclusions principales auxquelles nous sommes arrivés :

I. — Le contrat d'assurance sur la vie ne se reforme pas chaque année ; c'est un contrat successif, résiliable au gré d'un seul des contractants.

II. — L'évolution de la réserve du groupe est entièrement conforme à la théorie de l'anticipation des primes. Pour expliquer l'accroissement continu de la réserve individuelle, il faut faire entrer en ligne de compte un autre élément : le partage annuel des réserves des membres du groupe décédés.

III. — La réserve est sans existence au point de vue juridique, tant que le contrat d'assurance est en cours. C'est une mesure intérieure des compagnies, nécessaire au maintien de l'association. La prime est indécomposable ; on ne peut pas déduire du système de l'anticipation des primes un droit de l'assuré sur sa réserve avant la résiliation du contrat.

IV. — Son droit sur une quote-part légitime de la réserve portée à son compte ne dérive que de la faculté de résiliation qui lui a été concédée par l'assureur. Il est fondé sur l'équité. C'est au moment précis de la résiliation qu'il prend seulement naissance.

V. — L'acceptation donne au bénéficiaire un droit propre, irrévocable sur la réserve, analogue à celui qu'on lui reconnaît dans tous les pays sur le capital assuré. Ce droit lui permettra de faire prévaloir dans certaines circonstances sa volonté sur celle de l'assuré.

VI. — Si le bénéficiaire n'a pas accepté, la réserve, au cas de cessation de paiement des primes, ne figure pas encore pour cela à titre en quelque sorte pécuniaire dans le patrimoine de l'assuré. Elle échappe au droit de gage des créanciers, tant que leur débiteur n'a pas exercé à leur profit son droit de disposition essentiellement personnel.

VII. — L'assurance en cas de vie diffère profondément de l'assurance en cas de décès. Elle répond à un

but beaucoup plus égoïste ; son fonctionnement en est
bien distinct ; il a beaucoup de rapports avec la capitalisation. Elle ne confère jamais à l'assuré aucun droit
personnel ; ils sont tous pécuniaires.

VIII. — L'assurance mixte est la fusion des deux
assurances précédentes. Elle obéira aux règles, soit de
l'une, soit de l'autre, mais le droit de disposition de sa
réserve au cas où le bénéficiaire n'a pas encore accepté
est personnel, comme dans l'assurance en cas de décès.
Si le bénéficiaire a accepté, la conditionnalité des deux
droits en présence conduit logiquement à un résultat
bizarre.

C'est en nous conformant scrupuleusement aux règles
observées en pratique d'une façon générale, en cherchant à respecter, en même temps que la nature et le
but du contrat d'assurance sur la vie, la volonté souveraine des parties ; c'est enfin en tenant pour acquises
les conceptions juridiques déjà admises d'une façon à
peu près unanime dans notre matière que nous avons 
abouti à ces solutions diverses. Elles nous ont paru s'en-
chaîner logiquement et étroitement liées l'une à l'autre.

Il fallait envisager un côté nouveau et très particulier de ce contrat d'assurance. Nous souhaitons que les
principes, que nous avons cherché à établir, cadrent
avec l'évolution moderne des conceptions juridiques
de l'assurance sur la vie !

Nous terminerons par quelques considérations pratiques.

La question que nous venons de traiter est d'un intérêt quotidien, malheureusement trop considérable. Pour l'année 1898 et pour les compagnies françaises seulement, le chiffre des capitaux résiliés par suite de rachats, de réductions ou d'annulations (1), a été de 199,946,698 fr. ; tandis que le total des capitaux éteints pas suite de sinistres n'a atteint que 60,733,619 fr. (2).

Ces nombres sont éloquents. Nous avons envisagé le contrat d'assurance sous un aspect qu'on aurait pu qualifier de subsidiaire et il se trouve qu'en pratique c'est ce côté-là qui a le plus d'importance. C'est un contrat qui finit donc normalement d'une façon anormale. Dans la plupart des cas, il meurt sans avoir atteint son évolution complète. Pour emprunter une comparaison à la matière, il est, comme la vie humaine, brisé bien souvent avant l'âge ; si l'on calculait la moyenne de sa

(1) Les annulations ne figurent dans ce chiffre que pour une proportion minime.

(2) Le tableau suivant, dressé en 1892, par le bureau fédéral suisse, montrera qu'en France la proportion des résiliations est beaucoup plus élevée que dans les pays voisins.

EXTINCTIONS PAR SUITE DE :

	Décès et arrivées à termes.		Rachat et réduction.	
Sociétés.	Polices.	Sommes.	Polices.	Sommes.
Suisses. . . .	1.080	5.292.471	767	4.212 926
Allemandes .	9.828	48.649.904	4.267	26.180.223
Françaises. .	5.159	60.952.227	5.871	103.840.998
Anglaises . .	658	10.736.684	303	4.281.110
Américaines .	6.660	122.608.441	10.934	255.574.241

(Extrait du rapport du bureau fédéral suisse pour l'année 1892).

durée, on verrait que proportionnellement elle est plus courte encore que celle de l'existence !

C'est une constatation malheureuse ! C'est un fait contre lequel il faut réagir La résiliation des contrats d'assurance est à tous les points de vue une opération fàcheuse.

A l'égard de l'assureur, car, malgré les prélèvements qu'il peut exercer sur la réserve, elle lui occasionne souvent un déplacement de fonds et dans tous les cas déséquilibre ses prévisions, restreint l'étendue de ses opérations et diminue ses bénéfices : aussi les compagnies recommandent-elles à leurs agents de l'empêcher par tous les moyens possibles.

A l'égard de l'assuré, qui ne touche qu'une somme très minime par rapport aux primes qu'il a versées ou n'a droit désormais qu'à une assurance, dont le capital est très réduit comparativement à celui de l'assurance primitive ; il trouve en somme qu'il n'a fait qu'une très mauvaise affaire. L'assurance n'est vraiment avantageuse qu'à la condition de ne jamais cesser le paiement des primes.

Elle est nuisible enfin et surtout au développement de l'assurance sur la vie. L'assuré qui résilie, et plus particulièrement celui qui rachète, devient le plus souvent l'adversaire acharné d'une institution qui ne lui a donné que des mécomptes. Non-seulement il ne reviendra plus à l'assurance, mais il dissuadera ceux à qui il porte intérêt de s'engager dans une voie qui lui a semblé désastreuse. Cela tient à ce qu'il ignore le mécanisme de l'assurance sur la vie et le fonctionnement de la réserve ; il considère que la compagnie l'a indignement spolié en retenant la plus grande partie de ses primes.

Il faut rémédier à cet état de choses; il faut chercher par des moyens légitimes à diminuer d'une façon notable le chiffre des résiliations.

Un excellent moyen, c'est assurément la vulgarisation des idées qui se trouvent à la base du fonctionnement de la réserve. Mais pour qu'elle soit vraiment efficace, c'est au moment même où l'assuré contracte qu'il faut lui faire connaître ce mécanisme. Il faut qu'il sache alors exactement quelles sont les conditions mises au contrat qu'il va conclure ; qu'il n'ignore pas que s'il résilie, il n'aura droit qu'à une faible partie des sommes qu'il a versées à la compagnie. L'assuré ne doit pas avoir de surprises au moment de la résiliation. Et nous ne craignons pas de dire que sous-entendre autre chose lors de la signature du contrat, lui laisser entrevoir pour le cas de résiliation une situation qui n'est pas la vraie, ou ne pas l'éclairer entièrement sur les conditions du contrat qu'il va passer, c'est employer un procédé déshonnète. La loyauté doit toujours être à la base des opérations commerciales.

On nous permettra de noter à ce propos qu'une modification dans les termes de l'article 11 des conditions générales des polices ne serait pas inutile. Les expressions employées dans cet article ne sont pas assez précises et sont susceptibles d'induire en erreur beaucoup de contractants, qui croient que la compagnie « rachète les polices », c'est-à-dire leur restitue une somme sensiblement égale à celle qu'ils ont déboursée. Il serait bon de préciser davantage à quelles conditions est soumise en réalité la résiliation par rachat, pour que la personne qui contracte sache bien que le rachat n'est pas pour elle une bonne affaire et que ce n'est pas impunément qu'on met un terme à son contrat d'assurance.

On nous dira, il est vrai, que le tableau de réduction inséré à la suite de sa police est une indication suffisamment précise. Nous répondrons à cela que si chaque contractant connaissait le mécanisme de la réserve et savait que la valeur de rachat se déduit de la valeur de réduction, les termes de l'article 11 seraient certainement assez explicites. Mais, comme en fait, la majorité d'entre eux ignore la connexité de ces deux combinaisons et ne sait pas que leur base commune est la réserve, il serait utile, à notre avis, de modifier les expressions traditionnelles de l'article 11, de montrer, par exemple, que le montant du rachat se calcule d'après le chiffre de la réduction avec une retenue minima de 15 0/0.

Et nous proposerions également, pour que la rédaction des polices devienne encore plus claire, de changer la place de l'article 11 pour en faire l'article 5.

Comme l'article 4 traite de la réduction, le lien qui unit cette combinaison au rachat ressortirait avec évidence. L'ordre logique des dispositions de la police y gagnerait aussi, car les articles 5-10 actuels, qui prévoient des hypothèses diverses de rachat viendraient tout naturellement après un article qui aurait eu pour objet la fixation du montant de la valeur de rachat.

Une autre précaution, mais dans un ordre d'idées tout différent, serait aussi fort efficace pour porter remède à la fréquence des résiliations : il faudrait qu'en pratique les primes d'assurances soient toujours sagement proportionnées à la fortune de celui qui contracte. Ce n'est assurément pas l'intérêt des agents d'assurance, mais c'est une règle que l'équité et la loyauté leur impose. Le plus grand nombre des résiliations a pour cause la gêne ; le fardeau des primes annuelles est devenu trop lourd pour les bras qui le supportent; l'assurance a été contractée trop à la légère. Le service répété qu'elle exige n'était pas proportionné aux ressources de celui qui s'est engagé.

Nous ne prétendons pas que la résiliation n'ait jamais d'autres causes. Elle pourra provenir de la cessation du but de l'assurance. Elle viendra souvent de ce que l'assuré, voyant sa santé prospère, estime que l'assurance ne lui est pas avantageuse.

Mais dans la plupart des cas, elle aura pour cause l'exagération du sacrifice annuel. C'est durant les premières années de la conclusion du contrat que le nombre des défections est, toutes proportions gardées, le plus élevé ; l'expérience l'a démontré. L'assuré s'aperçoit déjà, mais un peu tard, que la prime est trop onéreuse pour lui.

Aussi ne saurait-on trop répéter le conseil que donnait jadis M. de Courcy (1) : en règle générale, il ne faut employer en primes d'assurance que le dixième des produits bruts moyens de l'industrie ou de la profession, ou le quart de l'épargne totale. Si cette mesure sage était toujours suivie, la plupart des contrats arriveraient à échéance ; un petit nombre seulement disparaîtrait en temps normal par résiliation.

Les prêts sur la police jusqu'à concurrence de la valeur de rachat, en permettant à l'assuré de ne pas interrompre le service des primes, constituent aussi un procédé utile pour entraver les résiliations. Mais ils ne sont légitimes qu'à une condition : c'est que la gêne de l'assuré ne soit que passagère. Dans toute autre circonstance, ils ne seraient que les précurseurs d'une résiliation certaine. Et il aurait été alors bien préférable pour l'assuré de résilier immédiatement, car il aurait touché au moins sa valeur de rachat, tandis qu'il n'aura droit à rien, puisque sa réserve a été absorbée pour la continuation du paiement des primes pendant quelque temps encore. Aussi, ce procédé ne peut-il être encouragé que s'il a pour résultat à peu près certain le maintien du contrat dans l'avenir.

(1) *Précis de l'assurance sur la vie*, p. 59.

Grâce à l'emploi de ces moyens et en persuadant aussi à tout individu qui veut s'assurer qu'il ne doit pas chercher dans l'assurance un moyen de spéculation, car la valeur vénale de son contrat ne sera à aucun moment proportionnée aux versements qu'il aura faits, mais qu'un contrat d'assurance n'est vraiment utile que s'il arrive un jour à échéance, l'on arriverait, nous en sommes convaincus, à enrayer dans une large mesure le mouvement beaucoup trop considérable des résiliations. L'assurance sur la vie perdrait ainsi la plus grande partie de ses adversaires. En perdant ses ennemis, elle recruterait des adeptes ; elle se propagerait encore davantage, et, en prenant un nouvel essor, elle répandrait plus abondamment ses bienfaits sur un plus grand nombre d'individus.

Vu :

Le Président de la thèse,

M. PLANIOL.

Vu

Le Doyen,

GLASSON.

Vu et permis d'imprimer :

Le Vice-Recteur de l'Académie de Paris,

GRÉARD.

BIBLIOGRAPHIE

—

Adan. — Étude sur la nature du contrat d'assurance sur la vie. — Bruxelles, 1879.

Annales de droit commercial.

Bailly (Paul). — De la transmission du bénéfice du contrat d'assurance sur la vie. — Paris, 1894.

Béchade. — Du contrat d'assurance sur la vie dans ses rapports avec le droit civil et l'enregistrement. — Paris, 1889.

Berdez (Charles). -- Les bases juridiques et économiques de l'assurance privée. — Lausanne, 1895.

Cendrier (Alexis). — Des droits des créanciers dans le contrat d'assurance sur la vie. — Paris, 1897, thèse.

Chaufton (Albert). — Les assurances : leur passé, leur présent, leur avenir. — Paris, 1884, 2 vol.

Clos (Joseph). — Des assurances sur la vie, de leur caractère et de leurs effets au point de vue des tiers bénéficiaires. — Toulouse, 1891, thèse.

Cosmao-Dumanoir. — De l'assurance sur la vie dans ses rapports avec le patrimoine de l'assuré. — Paris, 1898, thèse.

Coulazou (Jean). — De la stipulation pour autrui dans les assurances sur la vie. — Montpellier, 1893, thèse.

Courcy de (Alfred). — Précis de l'assurance sur la vie. — Paris, 1887.

Couteau (Émile). — Traité des assurances sur la vie. — Paris, 1881, 2 vol.

Cyprès (Louis). — L'assurance sur la vie étudiée au point de vue économique. — Paris, 1894, thèse.

Dalloz. — Recueil périodique et critique de jurisprudence, de législation et de doctrine.

Dalloz. — Répertoire alphabétique et supplément.

Deslandres (Maurice). — De l'assurance sur la vie. Etude des droits de l'assuré, des bénéficiaires, des cessionnaires et des créanciers. Paris, 1889, thèse.

Dormoy (Emile). — Théorie mathématique des assurances sur la vie. Paris, 1878, 2 vol.

Dumaine (Ch.). — Du contrat d'assurance sur la vie en droit civil et en droit fiscal. Paris, 1892.

Dupuich (P.). — Notes au Dalloz, recueil périodique.

Fey (Edouard). Code des assurances sur la vie. Manuel pratique de l'assureur et de l'assuré.

Fossé (Paul). — Le syndic de faillite : fonctions et pouvoirs. Paris, 1888.

Herbault (Paul). — Traité des assurances sur la vie. Paris, 1877.

Journal des assurances.

L'Assurance moderne, revue bi-mensuelle. Paris.

La France judiciaire, revue mensuelle de législation et de jurisprudence.

Laurent (H.). Théorie et pratique des assurances sur la vie. Paris, 1895.

Lefort (J.). — Petit dictionnaire de jurisprudence des assurances sur la vie. Paris, 1898, 2ᵉ édition.

Lefort (J.). — Traité théorique et pratique du contrat d'assurances sur la vie. Paris, 1897, 3 vol.

Le Moniteur des assurances.

Mornard (Henry). — De la nature de l'assurance sur la vie et spécialement de ses effets au décès de l'assuré en droit français. Paris, 1883, thèse.

Pandectes françaises.

Poterin du Motel (H.). — Théorie des assurances sur la vie. Paris, 1899.

Recueil périodique des assurances.

Répertoire général alphabétique du Droit français ; verbo : assurances sur la vie.

Revue du notariat et de l'enregistrement. Année 1895 : l'assurance sur la vie d'après les arrêts les plus récents, par Paul Henry.

Sirey. — Recueil général des lois et des arrêts.

Vermot (Édouard). — Catéchisme théorique et pratique de l'assurance sur la vie. Paris, 1884. 2 vol.

Vidal (Victor). — Le contrat d'assurance sur la vie ; sa nature juridique et ses effets à l'égard de l'assureur et de l'assuré. Paris, 1898, thèse.

TABLE DES MATIÈRES

CHAPITRE PREMIER

Du fonctionnement de l'assurance sur la vie
et spécialement de la réserve.

CHAPITRE II

De la résiliation du contrat d'assurance sur la vie.

CHAPITRE III

De la réduction et du rachat.

CHAPITRE IV

Droits des divers intéressés au cas de cessation de paiement des primes.

Grande Imprimerie de Blois, 2, rue Haute. X 5068.